白蓮山法持寺第二十五世
大雄宝殿大和尚

生心

いまだ二心あらず

古稀記念

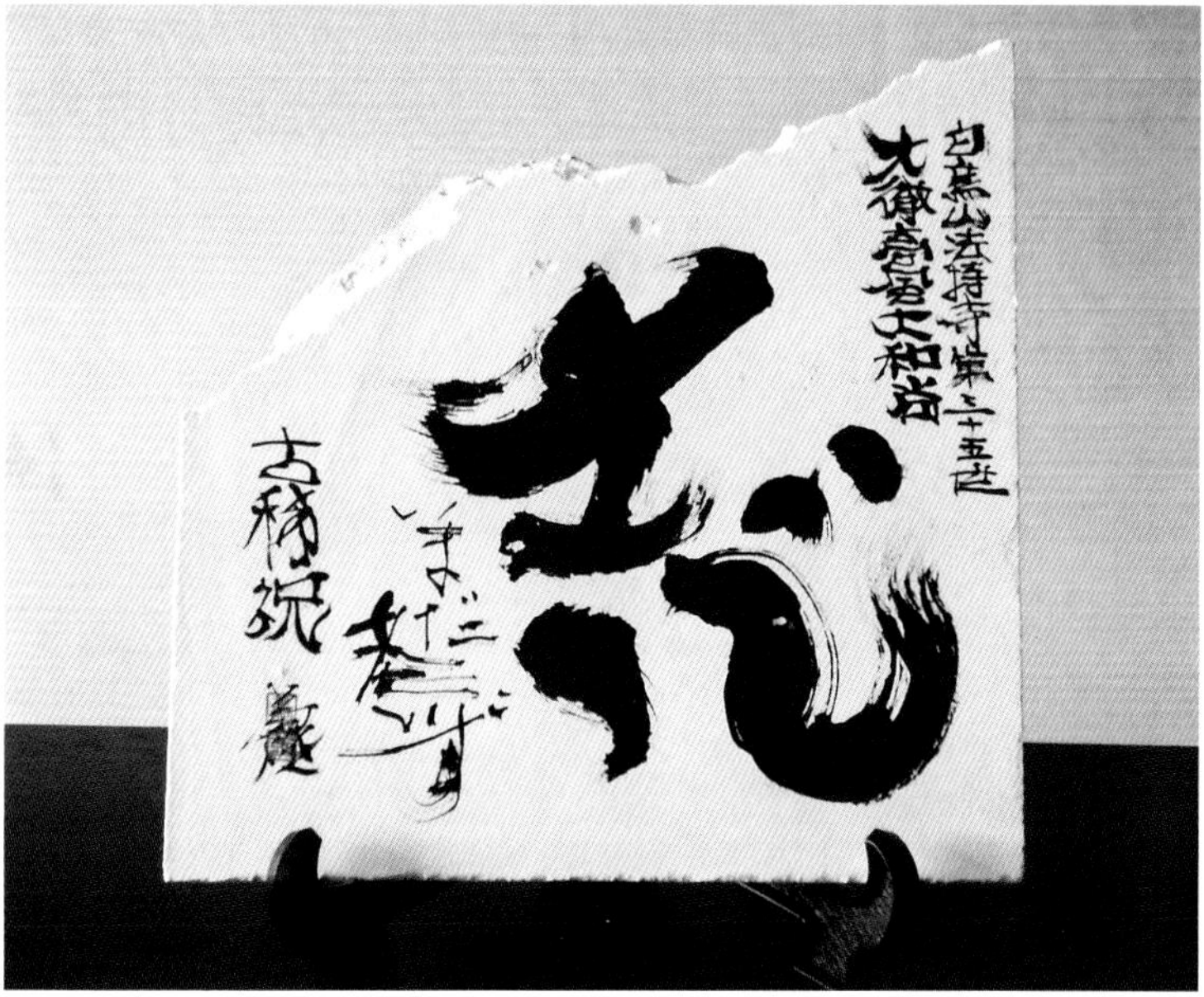

志いまだ老いず

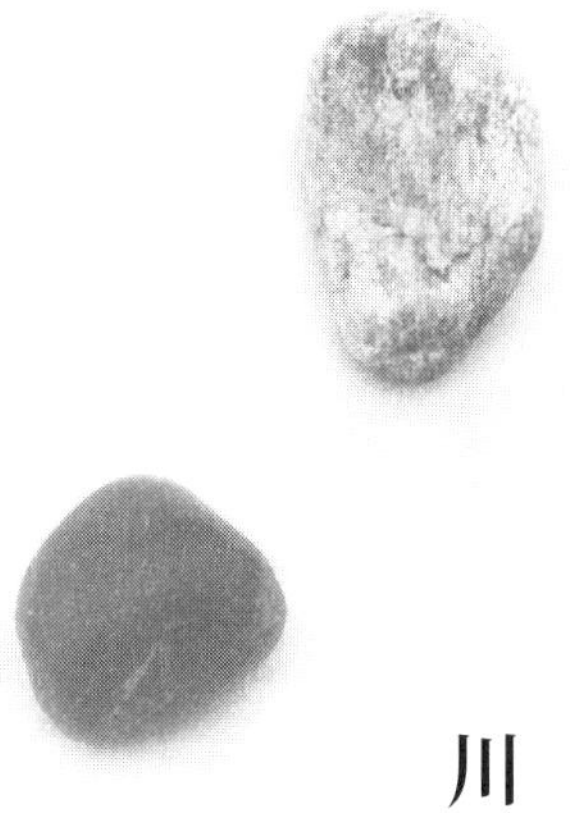

川口高風

法藏館

志　いまだ老いず＊目次

志　いまだ老いず

1

「宗教学」に始まり「宗教学」に終わる学究生活（講演）

はじめに

愛知学院大学禅研究所所長の岡島秀隆先生には、私の履歴を事細かく、また過分なご紹介をいただきまして恐縮至極であります。本講演会は、「宗教学」の最終の講義時間に開こうと思っていましたが、一般公開ということから本日になりました。今日は天気もよくいつもより少し暖かい好天に恵まれたため、会場一杯に多くの皆さまがご来場くださいまして心からお礼を申し上げます。

さて、拝見しますと、教え子の大学生諸君をはじめ、教職員の皆さま、それに中日文化センターの聴講生、拙寺の檀信徒の皆さまなど、老若男女の顔がみえます。日曜日の夕方五時半になると、中京テレビで「笑点」という番組が放送されますが、その中で落語家が一同揃って「大喜利」をやっています。一、二年前の「大喜利」で、「18歳と81歳の違い」を比べていました。今日も十八歳から二十二歳の若い大学生と上の方は「うーん」歳の人まで多くの方がいらっしゃいます。「18」と「81」、数字をちょっとひっくり返しただけですが、年齢としてみるとだいぶ違いがあります。それを比較してみますと、

一は、道路を爆走するのが18歳、道路を逆走するのが81歳。本当に逆走して、コンビニとか民

家などに突入したりする事故が最近はニュースになっています。

二は、心がもろいのが18歳、骨がもろいのが81歳。

三は、恋に溺れるのが18歳、風呂で溺れるのが81歳。

四は、偏差値が気になるのが18歳、血糖値が気になるのが81歳。

五は、まだ何も知らないのが18歳、もう何も覚えていないのが81歳。

六は、自分探しの旅をしているのが18歳、出かけたまま帰る家がわからなくなって、皆が探しているのが81歳。

七は、東京オリンピックに出たいと思うのが18歳、東京オリンピックまで生きたいと思うのが81歳。

というようにです。皆さんは笑いますけど、今日はその「18歳」と「81歳」の方がいっぺんにここにいらっしゃいます。私はどこに焦点を置いてお話をすればよいのか、難しいことだと痛感しています。皆さまにはそれぞれのところで興味を持っていただければと思います。

ちょっと眼鏡を老眼鏡に替えます。最近は目が駄目、歯も駄目で、駄目なところばかりです。歯が抜けて入れ歯・さし歯にしますと空気が抜けて言葉がはっきりしないんですね。発音が駄目です。また、硬い食べものが駄目です。特に「鶏のからあげ」が一番苦手です。なぜかといいますと、硬いために歯が折れたことがあったからです。

さらに、入れ歯になると言葉の歯切れが悪く、特に「さ行」が「さすすせす」と聞こえるんですね。講義中に教室の一番前にいた某女子学生さんが私の顔を見てどうしたかといいますと、耳に手を当てて「え？　え？」とやるのです。そして、「「ジェン」ですか「ゼン」ですか、はっきり発音してください」とかわいい顔していうのです。これにはまいりましたね。また、ショックでもありました。

そういえば、私が本学（愛知学院大学）に赴任した頃、校内を年輩の先生が緩歩《かんぽ》されていました。先生は杖をつきながらゆっくりと歩いているのです。御高齢な方ですが、「有名な先生なんですよ」と紹介されたことがありました。自分もそのような年齢になってきたのだと改めて認識しましたが、高齢な先生の境地が少しわかるようになってきました。そろそろ引き際であるとも感じており、今後、認知症にならないために口の体操というか、はっきりした言葉のいえるトレーニングをしたいと思っています。

そこで、今日は私自身のことをお話しながら教育者として、それに研究者としての両面にわたって自分の信念や最近感じていることを述べてみたいと思います。

私は昭和二十三年三月の早生まれで、昭和二十二年四月以後に生まれた方と同級生です。「団塊の世代」です。「団塊の世代」というのは、一学年がだいたい二五〇万から二七〇万人おり、昭和二十二から二十五年頃生まれが一塊の世代だと、小説家の堺屋太一《さかいやたいち》さんはいうのです。

平成二十九年生まれの人口は一〇〇万人を切っているところから、私たちと比べると三分の一近くの人口になったということになります。

ですから、私たちの時代は競争の時代でした。あいつを落として俺はやるんだ、潰すんだという競争、競争で、過当競争でした。だから試験の成績もすぐに発表され、友人は友人であるとともにライバル意識を強く持った時代であったといっても過言ではありません。

現代は一箇の人間性、人格を尊重する時代のため、私たちの時のような激しいライバル意識を持つ時代ではありませんが、今は今の厳しい精神的苦悩の多い時代といえるでしょう。

私は今ご紹介がありましたように、お寺に生まれた「跡とり息子」ですけれど、十七、八歳頃は反抗期で、親に反抗して、自分の意志を貫きました。そのため、駒澤大学へ入るにも、仏教学部ではなく文学部の歴史学科に入りました。その反抗が、後になってよい結果となりましたが、駒澤大学に入学してびっくりしました。それは大学の雰囲気がすごく仏教的で、来てよかったか、まずかったかなどいろいろ自問自答したことがありました。

私を仏教に向けてくれた決定的なことは、大学一年生の十一月に祖父が亡くなったことでした。お寺ですからお葬式を何度も見ていますが、身内の死というものに初めて出会い、それが一番シヨックでした。祖父は師家《しけ》で立派な風格でした。私が子供の頃、朝課を一緒に勤め、歴住大和尚などの名前は毎日読んでいました。晩年になり、枕元で私に、小さな声で何かぶつぶついっていたことを覚えています。「カンガンパ（寒巌派）」だとか、「愛知県は曹洞宗の寺院が多い所だ」とか、いっていました。しかし、当時の私はその言葉が何を指すのかまったくわかりませんでした。後にわかるようになりましたが、そんなことがあったため、私はどうしたかといいますと、祖父のいうとおり、やはりお坊さんにならないといけない、やらなければいけないという気持ちになりました。そこで発菩提心《ほつぼだいしん》、つまり菩提心を発したのです。少し大げさですが、発心したのでした。そのため二年から仏教学部へ転部しました。

仏教学部に変わりましたが、仏教学部の一年生はインドの言葉のサンスクリット語やパーリ語が必修です。しかし、他の学部生は、フランス語・ドイツ語・中国語と、何でもよかった。私はフランス語をやっていました。

仏教学部に変わり、外国語をサンスクリット語かパーリ語をやるものと思っていたのですが、「転部した君は二年生からもフランス語のままでよい」と教務課からいわれ、結局はサンスクリット語やパーリ語を勉強していません。そのためインド仏教に対する知識の劣等感は、ものすごく持っていました。

仏教学部に転部し二年生となり、私は一層仏教に親しみたいと思い、小僧として寺に入ったのです。これには歴史学科の同級生・廣瀬良弘《りようこう》君の影響もあったことは確かでした。お寺では六時に起床して朝のお勤めを行い、本堂や庫裡《くり》・境内の掃除をすませて朝食をとり、大学へ行くという生活でした。土・日曜日は法要が多く読経三昧《どきようざんまい》、空いている時間があったら墓地の草取りなど、なかなか自由な時間はありません。しかもそのお寺の住職さんは学校へ行けというのでなく、「なぜ学校へ行くんだ。法事があるではないか。墓の草を取れ」などというのです。ちょうど、全学連（全日本学生自治会総連合）による大学封鎖があり、このままでは講義回数が少ないため、卒業が一年遅くなるともいわれた時でした。

反抗期でありました私は、人が「やれ」といったらやらない、「やるな」というとやりたくなる時でした。そのため住職が「何で勉強するんだ。何で学校へ行くんだ」というところから、逆に学校へ行き勉強したくなったのです。まさに住職に反抗して学校に行きました。後に拙著を刊行して贈った時、私の学生時代の思い出とともに励ましの手紙と研究費としてお金を頂戴したことがありました。私にとって反面教師として自分の道を切り開いてくれたよき住職であったと、今は感謝しています。

『袈裟《けさ》の研究』という本があります。お坊さんは袈裟を搭《か》けています。「坊主憎けば袈裟まで憎い」といわれてますが、その袈裟について説かれた本が大法輪閣から発行されています。久馬慧忠《きゆうまえちゆう》老師が書いた本でした。その息子さん（久馬栄道氏）が今日、ここへ来ていらっしゃいます。本学の統計学の先生であられます。

その久馬老師の本の中に、水野弥穂子《やおこ》先生が、お袈裟を縫う会（福田会《ふくでんかい》）を自宅で開いていることが紹介されていました。しかも、水野先生の住所まで書いてありました。

私はまだ十九歳の大学二年生でしたが、自分の袈裟を縫ってみようと手紙を出しました。そうすると返事が来まして、「何月何日の何時から開いている」とのことで、尋ねて行きました。そこでは、尼僧さんやお寺の奥様、青年住職、駒澤大学の学生さんらいろいろな方が来ておられ、袈裟を縫っていました。もちろん袈裟に信仰があるとか、袈裟の教えなどまったくわかりませんが、そこで自然と仏教の教えに親しみがわいてきました。しかも、先生のお母様が参加者に夕食を振る舞ってくださるのです。貧乏学生にとって本当にありがたいことでした。水野先生は、道元禅師の『正法眼蔵《しょうぼうげんぞう》』『正法眼蔵随聞記《ずいもんき》』研究の第一人者であり、有名な国語学者でした。

その先生のところで、私は勉強をさせてもらうと同時に、プライベートな面までお世話になりました。ちょうど私の母親と同じ大正十一年生まれでした。そのため東京の母親というような気持ちになり、寺の小僧でお金もない時でしたし、もちろん洋食なんか食べたことがありません。先生には時々レストランへ連れていってもらい、フォークやスプーンの使い方などもいろいろ教えていただきました。

水野先生は、モダンな方でした。キリスト教の建学精神である東京女子大学の出身で、その後、東北大学でも国語学を学び卒業されています。女子大は良家のお嬢さんが多く、同級生には瀬戸内寂聴さんがいました。寂聴さんと席を同じくしたことがあったそうで、「寂聴さんは、何で天台宗のお坊さんになったのだろう。道元禅師の曹洞宗の僧侶になるべきだった」とか、いろいろなことをいっておられ、大学時代の思い出話もよく聞きました。

水野先生に親しく教わると同時に、他の先生とも縁ができてきました。田中良昭先生は、仏教学部に移って最初に受けた講義でした。火曜日の一時間目、「原人論」という授業です。当時、仏教学部へ移ってすぐですから、「げんじんろん」と読んでおり、仏教というのは人間の原人である北京原人とかネアンデルタール人とか、人間の原点から勉強するものか、すごいなと思いました。

ところが、とんでもない。実はこれは中国華厳《けごん》宗の圭峰宗密《けいほうしゅうみつ》が著わしたもので、教禅一致の立場から人間存在の根源について論じているものです。書名は「げんにんろん」という本でした。

田中先生は中国禅宗史が専門で、もう一つの講義では禅宗の始祖といわれる菩提達磨《ぼだいだるま》の教えとその弟子や法孫らについての「禅宗史」を教授されていました。私が仏教学者となった一番決定的な縁は、鎌田茂雄先生の講義を聴いてからです。鎌田先生は、駒澤大学から東京大学大学院へ行って同大学の東洋文化研究所の先生になりました。そして、駒澤大学の非常勤講師にも就いていました。昭和二年生まれの先生は、本来、戦争へ行ってお国のために亡くなるという「死の美学」の教育を受けていました。しかし、それが終戦により、今度は生きることの「生の美学」の教育となったため、「生きることとはなんぞや」という公案《こうあん》（いわゆる「禅問答」）を解くため、その答えを禅に求めて鎌倉の円覚寺《えんがくじ》などに参禅し、臨済宗円覚寺派の寺院住職にもなりました。

鎌田先生はすさまじかった。「勉強しなさい」というけれども、その分酒も飲めと。ただし、「酒を一時間飲んだら、その倍の二時間勉強せい」といわれる。東京大学の先生ですが、われわれの隣に座って身近にお話してくださるやさしい先生でもありました。

鎌田先生の専門は中国華厳宗の研究でしたが、みんなが鎌田先生の人柄に惚れ、また、あこがれて中国仏教の研究をするようになりました。私も南山道宣《なんざんどうせん》の著わした『四分律行事鈔《しぶんりつぎょうじしょう》』を中心に中国律宗の研究に進みました。駒澤大学・花園大学・愛知学院大学の先生方には、鎌田先生の息がかかった門下生が多かったです。

次に酒井得元《とくげん》先生です。先生は名古屋出身で、いつも法衣で講義をしていました。沢木興道《こうどう》老師に長く随身された方で、宗乗《しゅうじょう》（自宗派〈曹洞宗〉の学問）の第一人者でした。酒井先生の余談は、宗門徒弟《とてい》の学生の励みになりました。「君はどこの出身で、どこのお寺の弟子だ」とよくいわれます。すると、「君のお寺は、昔こういう坊さんが出たところだ」「君の近くの○○寺には、こういう高僧が出ている、こんな著作もあるんだ」とか、「君、しっかりやれよ」と学生を励ましている。

びっくりしたことは、私のお寺に、二十八代目の白鳥鼎三《はくちょうていざん》という人がいます。先生は、「わしは『従容録《しょうようろく》』の講義のタネ本に鼎三和尚の書いた『従容録接觜録《せっしろく》』を使っている。大いに役に立っている」といわれる。しかし、私は何も知らない。すると、「住んでいた寺の弟子が、そんなことではだめだ」と叱咤激励される。「君の寺の歴住には立派な人がいるんだから、その人に負けないように勉強しなさい」と盛んに励ましてくれました。

そのため、私は本学の宗教文化学科の専門授業において、学生さんの出身地や生家のお寺のことを聞き、そのお寺や近隣寺院の話をすると、その学生さんは喜び、嬉しがります。そういう教育は、酒井先生からの影響で行うようになりました。

さらに、石井修道《しゅうどう》さんや石川力山《りきざん》さん、熊谷忠興《ちゅうこう》さんという先輩にも恵まれました。特に石井さんは誠実な方で何事にも真面目に取り組んでおり、私はその研究姿勢や方法論を真似していました。石川さんは年齢が四、五歳上ですが、学年としては一年先輩でした。国内留学（駒澤大学）の指導教授になっていただきましたが、国内留学中の一年間で『大亀山全隆寺史』を脱稿しました。全隆寺は永平寺二十一世の海巌宗奕《かいがんそうえき》が開山で、宗奕の研究をしていると、『本光国師日記』から永平寺の宝物が寺外へ散佚《さんいつ》したことが明らかになり、その流れを考察したところ、石川さんより評価されたことを覚えています。また、石川さんとはお互いに学位論文の完成を目指し、二人で同時に提出することを約束していました。しかし、学位論文は私のほうが先に完成したたため駒澤大学へ提出しましたが、石川さんは残念ながら平成九年八月四日に急逝されました。これは大変ショックでした。出版社はともに法藏館ということで約束しており、その紹介をしていただいたのも石川さんでした。

熊谷忠興さんは今日（平成三十年一月三十日）、東京の永平寺別院で行われている永平寺西堂《せいどう》の奈良康明《こうめい》先生の本葬で焼香された後、すぐに名古屋へ来られるということです。熊谷さんは現在、永平寺後堂《ごどう》の御師家さんですが、永平寺のことなら何でも知っている「永平寺の生き字引」といわれる学者でもあります。曹洞宗学の学問的な話だけをする人で、私が寺院運営に困っている時でも学問的な話だけをされ、葛藤に迷う私の心を助けてもらったことが多くありました。現在でも電話で永平寺の古文書などの確認をするのに大変お世話になっており、感謝しております。

このような先輩と同時に、よき学友にも恵まれました。廣瀬良弘君は、昨年まで駒澤大学の学長であられた先生です。歴史学科時代の友人で、いつも一緒に勉強をしました。

廣瀬君は、東京高輪にある泉岳寺《せんがくじ》という有名な赤穂浪士が祀られているお寺で小僧をしながら大学へ通っていました。求道者《ぐどうしゃ》ともいえるその姿勢には、びっくりしました。私はその当時、下宿から大学へ通っており、ちゃらんぽらんでした。何もやることがないため、当時流行っていたパチンコばかりしていました。名古屋はパチンコの本場であり、パチンコは得意です。東京へ行ってからもパチンコをやっており、ひまつぶしでした。しかし、最近はひまつぶしではなく、名古屋では「ひつまぶし」がおいしく有名となってきましたが……。いずれにしても、廣瀬君の真剣さにはびっくりしました。

阿部慈園《じおん》君は、仏教学部へ変わって初めてできた友人です。私は仏教をがむしゃらに学ぼうとして、講義を一番前の席に座って聴いていました。すると、いつも私の横に来る人がいる。ベレー帽をかぶり、おとなしく真面目そうで、私とはタイプが全然違う。私は寺の小僧をしながら学校へ行くものですから眠くてしょうがない。阿部君は隣の席でああだ、こうだとかいって、私は「うるさい、うるさい、おまえ向こう行け」といつもいっていました。

そのうちに阿部君と親しくなり、私は禅をもっと勉強したい、阿部君はインド仏教を勉強したいということで大学院へ進むことになり、彼は東京大学の大学院へ行きました。その後、明治大学教授になられましたが、平成十三年一月二十四日に五十四歳で亡くなってしまいました。

友人はタイプの違うほうが仲良くなれるようですね。同じだったらけんかばかりになったかもしれません。こんな二人が最初の友人でしたが、ライバルでもありました。

愛知学院大学へ奉職した頃には、法学部に林董一《とういち》先生がいらっしゃいました。先生は愛知県や名古屋の地方史、尾張藩の法政史研究の第一人者でありました。林先生から名古屋についていろいろ教わることになり、また、いろいろな原稿の執筆も依頼されました。

地理学の水野時二《ときじ》先生、歴史学の森原章《あきら》先生、二人とも愛知教育大学の先生でしたが、定年退官されて本学の教授として赴任され、尾張地方の地理や歴史を教えていただきました。また、名古屋大学を退官されてこられた考古学の澄田正一先生には尾張の古墳についてご教示を受けました。三先生とも林先生同様、この地方史研究の大家で、森原先生が亡くなられた時には、ご子息からお経を読んでほしいとの依頼を受け、葬式もやらせてもらいました。

織茂《おりも》三郎先生と蟹江和子先生は、名古屋市蓬左《ほうさ》文庫（旧尾張藩徳川家の文庫）の学芸員でした。蓬左文庫には何度も行き、古文書の解読を教わりました。いつも同じくずし字について質問するものですから、あきれられていたと思います。それでもどんどん通って私は教わりました。そのうちに慣れてきて、少しは古文書を読めるようになりましたが……、まだまだ読めない字が多いです。そんなことで、私の研究は卒業論文で圭峰宗密の教禅一致論を、修士論文で中国律宗の祖である南山道宣を、さらに江戸期の袈裟研究書の『法服格正《ほうぶくかくしょう》』と曹洞宗学を、博士論文では江戸期の律師である諦忍妙龍《たいにんみょうりゅう》を、続いて明治期曹洞宗の研究をというように移りかわってきました。

以上のように、私は幸運にも良き恩師、良き先輩、良き友人に恵まれました。それとともに良き後輩にも恵まれました。それが本学に勤めた四十二年間の教え子の皆さんであります。若い学生諸君には良き縁ができることを望みます。良き恩師・先輩・友人・後輩がいれば何でもできるかと思います。頑張ってください。

教育者として

私は昭和五十年四月に、駒澤大学大学院博士課程を修了してすぐに本学へ来ました。ちょうど名古屋市千種《ちくさ》区楠元町の本部から愛知郡日進町（現在の愛知県日進市）の日進校舎に大学が移転した時でした。まだ学生数もさほど多くなく、学部も少なかったです。そこで二年間非常勤講師をさせていただきました。担当した科目が教養科目の「宗教学」で、本学の建学精神を教える必修科目でした。私は二コマを担当しました。一コマは、歴史学科と宗教学科（後に宗教文化学科）合同の授業でした。当時は宗教学科にも「宗教学」が必修でした。そして、もう一コマが心理学科でした。私はまだ二十八歳でしたから、授業は私とあまり変わらない年齢の若い学生さんばかりで、心がウキウキしていました。今でも最初の授業はよく覚えています。足がガタガタ震え、チョークを持つ手も震えていたのを覚えています。緊張のあまり声もつまり気味であったかと思います。自分でいってては何ですけど、今はメタボで太っていますが、当時はスマートな好青年（?）でした。当時の一クラスは一五〇人ぐらいでした。一五〇人となると大変ですよ。大教場ですからマイクを通して講義を進めるほうが楽です。私は初めマイクを使用していました。しかし、途中でそれをやめました。なぜかといいますと、学生との距離を近づけようと思ったからです。広い部屋ですから、席はみんなばらばらに座っています。そこで、マイクを使う一方通行の授業はやめて、みんなを前の席に集めました。前から五列目ぐらいまでに集めて地声で講義を始めました。だから授業を一日に二コマすると体が疲れてしまう。マイクでやるのは一方通行で楽です。時々はマイクを使いましたが、自分の信念として、みんなを集めて教員と学生との距離感をすごく狭くしたんです。資料を配布するのみならず、ノートを取る方法にしました。それは後に、本学の人事課の方から電話がかかり、本学の職員採用試験を行った時、口頭試問で建学精神どころか建学精神の仏教の宗派さえも知らない学生がおり、「宗教学では何を教えているのか」というクレームを受けたことがあったからです。あれはショックでした。

学生は、愛知学院大学が曹洞宗系の大学であることを知っている人もいますが、曹洞宗の大本山が「大本山延暦寺」というんですね。また、「知恩院」だとか「高野山延暦寺」という学生もいたようです。このような答えが返ってくるということは、もう少し「宗教学」の教育をしっかりやれということでした。それ以来、私は本学の建学精神と、曹洞宗・道元禅師・永平寺・瑩山《けいざん》禅師・總持寺の説明を詳しく行うようにしました。

奉職して一年目の時、残念なことが起こりました。それは、教え子の心理学科の学生さんが亡くなったことです。当時の私は若いためいろいろな会合に誘われ、親睦会や茶話会にも出席し、学生さんと仲よく親しくしていました。今日も私の第一回目の教え子が来ているかと思います。

もう還暦を過ぎ、六十二歳になっているはずです。

亡くなった学生は、車の中で一家四人が排気ガス自殺したのです。秋頃だったと思いますが、日曜日の十二時からのＮＨＫテレビの全国放送でそれを知りました。学校の名前も出ていました。学生の顔写真も名前も出ていました。

それを見た私はびっくりしました。ショックでした。「おい、あれは彼でないか。つい最近の茶話会に出ていた彼じゃないか」と。彼が自殺した原因は、親が借金して、会社の経営がうまくいかなかったためでした。本人は心理学科、弟は高校生、その四人が三重県の方で、車の中に排気ガスを引き込んで死んでいたんです。

新聞には、名古屋大学の有名な心理学科の先生が、「なぜ、心理学を専攻している大学生は、親が死のうと言った時に止めなかったんだ」との厳しいコメントを述べられていました。その先生は名古屋大学を定年後、本学の心理学科の教授として迎えられているんです。あの縁もびっくりしました。

たまたまその学生の家の菩提寺が、私の後輩が住職しているお寺でした。そこへ電話をしてみると、誰もお骨を引き取りに来ないため、お寺で預かっているとのことで、四体ありました。

そこで、心理学科の学生さんと相談して、彼のためにみんなでお経を一巻でもあげに行こうやということになり、みんなで当時五〇〇円ぐらいカンパして、そのお寺の住職さんに読経《どきょう》してもらったことがありました。そのため学生さんとの付き合いも、あまり一生懸命するとたまらないものになると思ったことがあり、それが最初のきつい経験でした。

「宗教学」は、本学の全学部生が受講せねばならない必修科目です。最近はいろいろなところで「あれ？」と声をかけられます。つい最近も、ある葬儀会館で通夜の読経後に「和尚さんは愛知学院大学の先生ではないですか」と聞かれ、「実は、僕は何学部で何年前に「宗教学」を受けました」ということで、名刺をくれました。私はすっかり彼の顔を忘れており、知りませんでしたが、彼が私のことをよく覚えていてくれたのです。

このように社会に出ている教え子から声をかけられることがしばしばあります。みんな成長して立派な好青年になっています。「これからも頑張ってやってください」と声をかけながら励ますことは、やはり教員冥利につきるのではないかと思います。

さて、「宗教学」の内容は、「宗教学」「仏教学」「禅学」の三種に大きく分かれます。授業では新しい学説も取り入れ、さらに新資料を読む機会も設けました。たとえば、資料調査で発見した古文書を、コピーしてみんなに渡しました。私は予習せずに一発勝負ということで、学生さんと一緒に読んでみる。しかし、全然わからない。けれども最後までやっていくと、また同じような字や文が出てくる。こうではないか、それともああではないかなどと議論することを教えました。つまり、最新のことを講義に取り入れていったのです。そして学説も新しいものを取り入れ、できるだけやさしく「宗教学」を教えることにしました。また、この「宗教学」の講義は、他の場合にも応用することができました。

それは何かといいますと、お寺での説教や法話、文化センター・老人会などの研修会での話に、「宗教学」での授業の資料が活用できたのです。大学生でもわからないことは、子供や老人などはもっと理解できません。そのため、それをより嚙み砕いて説明していかなければならないことがわかり、やさしく説くようにしました。

また、雑誌や新聞に記事を書くのは一番大変でした。仏教雑誌の『大法輪』ではたった四、五枚書くのに一カ月以上かかったこともありました。なぜかといいますと、人にそれを読んでもらうためには、平易に要領よくまとめ、自分自身がよく理解していなければ駄目だからです。私は、雑誌や新聞の執筆記事をいつも家内にみてもらっていました。そうすると、読者の目として理解できない文が指摘され、「こう書き直した方がわかりやすいであろう」と、いろいろ建設的な意見を聞くことができました。「宗教学」を担当したことから、それをいろいろな方面に応用していくことができ、僧侶としても、一番よかったと思っています。

研究のあゆみ

研究は、初めに所長先生より紹介していただきましたが、最初の著書は『法服格正の研究』です。昭和五十一年二月刊行ですから、私が二十八歳の時です。二十八歳で初めてこの本を出しましたところ、いろいろ批判されました。当時は、まだ若い人が出版することにはうるさかった時代でした。そこで恩師の鎌田先生にお話をしましたところ、先生から、「心配するなよ、悪口なんかほっとけ、そんなものは右から左へ聴き流しておけばよい」とのアドバイスを受けました。鎌田先生も三十五歳で文学博士になり、若くして著書を刊行されたものですから、風当りは強かったようでした。

『法服格正の研究』を出版して以来、江戸期の律宗の大学者である八事山興正寺《やごとさんこうしょうじ》の諦忍律師を研究するため、興正寺に所蔵する書籍や文書・軸などを整理して、三十歳で『尾張高野八事文庫書籍目録』を出し、三十四歳で『白鳥鼎三和尚研究』を出すなど、若くして本を出しました。出すごとに「川口は早熟だ」とかいわれましたが、これを一生続ければ早熟ではなく本物になると鎌田先生に教えられ、いまだに研究に精進しています。ラッキーなことに出版社の社長が私のバイタリティーというか信念を気に入られ、「売れるか売れないかそれはいい、気にするな」ということでどんどん出してくれました。
研究分野をまとめてみますと、袈裟の研究（『法服格正の研究』『曹洞宗の袈裟の知識』）に始まり、諦忍律師研究のために八事山興正寺の所蔵資料を整理しました。それには本学図書館の佐野肇氏や横山和光氏などの協力もあり、愛知県立大学と愛知淑徳《しゅくとく》大学の学生諸君にもお手伝いいただきました。その作業で知った本や文書などが、今の研究の礎となっていることは確かです。『愛知県曹洞宗寺院集覧』や『愛知県曹洞宗歴住集覧』は、昭和五十九年八月に名古屋松坂屋本店で開催された『曹洞禅――郷土の名僧と寺宝――』展で専門委員となり、地元寺院の寺宝調査を行った成果でありました。そこから『名古屋文化形成の背景となった名古屋の仏教の研究』や『鳴海瑞泉寺史』『龍霊瑞和尚研究』『幽谷子大薩和尚』『大亀山全隆寺史』『熱田白鳥山法持寺史』『尾張大運寺史』といった、地元の高僧や寺史の研究もまとめることができました。特に『法持寺史』は自分の生まれ育った寺院であり、戦災でほとんどの古文書などを焼失したため何もなく、そのため、意識して他寺院の調査で法持寺のことの記されている資料があったならば、必ずコピーしていました。平成十五、六年頃、恩師や先輩の諸先生方の記念論集への執筆依頼が集中してきました。その時にたまったコピーなどを整理してまとめたものでした。

　明治期の曹洞宗の研究をすることになったのは、昭和五十五年の永平寺二祖国師七百回大遠忌の時に、先輩の熊谷忠興さんか吉岡博道《はくどう》さんが、二祖懐奘《えじょう》禅師の著作である『光明蔵《こうみょうぞう》三昧』を、白鳥鼎三が「永平寺僧堂蔵版」として一〇〇年前の六百回大遠忌に出版していることを教わりました。私はまったく知らなかったのですが、そのため一〇〇年前に活躍していた鼎三さんを顕彰することになり、先輩たちは『永平寺史』を、私は鼎三和尚の研究に一生懸命打ち込みました。それ以来、三人で明治期の永平寺禅師（臥雲《がうん》・環渓《かんけい》・雪鴻《せっこう》・琢宗《たくしゅう》・悟由《ごゆう》各禅師）の語録を刊行したことから、明治期曹洞宗の様子がわかってきました。

八事山興正寺の調査では、有名な尾張藩七代藩主・徳川宗春《むねはる》に関する文書が出てきました。宗春は、八代将軍・徳川吉宗に反発して、尾張に遊郭をつくったり、尾張の文化・経済の隆盛に尽くしました。しかし、当時は吉宗によって全国に倹約令が出され、慎しむ時代でした。そんな時に尾張だけは元気よく発展していました。幕府からすれば、あれはちょっとまずいものだということから、宗春は今の永平寺名古屋別院のある御下屋敷《おしたやしき》に蟄居《ちつきょ》させられました。しかし、宝暦十三年（一七六三）九月二日、興正寺へ行き、私の研究していた諦忍律師といろいろな談話をしています。宗春が蟄居させられた時、宗春に関するものはみんな集められ燃やされたそうですが、興正寺は大丈夫だったようです。興正寺文書の中に、宗春が参詣した時の様子を記した文書がありました。「見せ消ち」といいまして、墨で該当箇所を消しているのです。宗春に関することは、ぴっぴっぴと消すんですね。しかし、それを生かして読んでみると、宗春の動向がわかります。それは、当時五世住職であった諦忍へ御祈禱を依頼したこと、境内で松茸をとったこと、菜飯や田楽、葛かけの冬瓜《とうがん》の御膳を食べたこと、タバコを吸ってよいかと尋ねたことなどです。また、トイレはお寺のトイレを使わず、用意してきた専用トイレを使っています。

このような今までわからなかった宗春の動向が、「見せ消ち」を読むことによって明らかになったのです。それはよかったということで、林董一先生から喜びの手紙をいただいたことを覚えています。

確信できた最新の研究

確信できた最も新しい研究を皆さんに紹介したいと思います。それは、僧侶の搭ける袈裟には五条衣・七条衣・九条衣の三種があります。九条衣は僧伽梨衣といい、二十五条までの奇数条の袈裟です。五条・七条・九条から二十五条まではそれぞれ、用いる時が異なります。私は普段搭けている五条衣の変遷を研究しています。一番身近な袈裟の研究です。皆さんに配布したプリントの裏面には、奈良仏教系から禅宗系まで全宗派の五条衣をあげています。各宗派でかなりの異なりが見えます。最近までテレビで「ぶっちゃけ寺」という番組があり、各宗派の若い僧侶が出演して仏教に関する解説をしていました。私は搭けている五条衣を見れば、その僧侶の宗派がすぐわかります。したがって、五条衣は各宗派の特徴を表わしているものといっても過言ではあり

ません。

奈良仏教系は加行《けぎょう》袈裟といって、東大寺・興福寺・薬師寺・唐招提寺などの寺院で用いられている五条衣です。

天台宗系は梶井袈裟・輪袈裟・三緒《みつお》袈裟・紋白・割切五条袈裟などといい、真言宗系も同じ紋白・割切五条袈裟の他に、折五条とか小野塚五条といって禅宗の絡子《らくす》を小さくしたものを用いています。

浄土宗系は伝道袈裟・威儀細《いぎぼそ》・大五条・大師五条などがあり、浄土真宗系には輪袈裟・畳袈裟・黄袈裟・小五条袈裟、それに門主のみは三緒袈裟が許されています。日蓮宗系は紋白の五条袈裟・折五条・たすき袈裟があります。

禅宗系は掛絡《から》・絡子・大掛絡などで、掛絡と絡子は同じものです。ただし臨済宗・曹洞宗・黄檗《おうばく》宗とでは絡子の大きさや裏面の布、棹の長さ、マネキの飾り糸の模様などに相違が見られます。

ここに上座部の五条衣があります。腰から下の部分をおおうもので、腰巻きのようなものです。それにひだをつけるとお地蔵さんみたいになります。つまり、お地蔵さんは五条衣を巻いているのです。

それでは、私の研究で明らかになったことを紹介してみましょう。

明治十九年五月に曹洞宗務局より全国末派寺院へ布達された「曹洞宗衣体ヲ斉整スルノ御諭告」を見ますと、

第一条

両本山並末派寺院一般ノ僧侶各自受用ノ衣体ハ今後両様ナル可ラス

第二条

今後宗内一般ニ五条ハ都テ掛絡ヲ用イ七条以上ハ環紐ナキモノ（謂ユル古規用）ヲ用フへシ　但七条以上ハ各自身体ノ大小ニ随肘ノ長短ヲ定ムへシ　掛絡ハ一尺（クジラ）ヲ最小ノ量ト為ス　一尺ヨリ小ナルモノハ受用ヲ許サス

第三条

従来流布ノ五条衣修持衣ト称スルノ類及七条以上環紐アルモノ（謂ユル世間用）ハ宗内僧侶ノ被着ヲ禁止ス

とあり、第一条によって明治十九年五月より永平寺・總持寺の大本山および全国の末派寺院の袈裟は、各自自由ではなく一つのものに統一しようとしたのです。その背景には両大本山の権力争いがあったためで、政府のテコ入れにより「宗制」が作られ、統一されることになったのです。

第二条では、今後、五条衣はすべて掛絡を用いて、七条衣以上は環やそれを結ぶ豪華な紐

（総）のないものを用いることにしています。つまり臨済宗のように、環や総のあるものはやめなさいといっているのです。また、掛絡はクジラ尺の一尺（約三八センチ）を最小の大きさとして、それより小さいものは受用してならないという。

第三条では、従来流布していた五条衣と修持衣といわれるもの、それに環や総のついている七条衣以上のものは禁止されているのです。

私は、この諭告により曹洞宗の袈裟は大きく転換したと思っています。これによって現在の曹洞宗の袈裟となりましたが、それ以前の袈裟は臨済宗と同じようで、また、五条衣も守持衣も用いられていたのです。しかし、現在は五条衣とか守持衣という言葉も聞かず、それらの袈裟も見当たりません。そこで、当時の袈裟を復元し曹洞宗の袈裟の変遷を見てみましょう。改良衣を着ている私の弟子がモデルとなり、その変遷を紹介します。

今私が搭《か》けているのは絡子といいます。首から搭け絡うことから掛絡とも呼んでいます。よく見ると五条衣です。五条衣は普段着であり、七条衣は法要や説法を聞く時に、九条衣は導師や説法する時など、人を導く時に搭ける袈裟です。

私は袈裟の研究が始まりでしたけど、平成十八年十月から十二月に、今から十二年前になりますが、東京都世田谷区にある五島美術館へ行きました。水野弥穂子先生から、「五島美術館で鎌倉円覚寺の袈裟を展示しているそうだ。見に行きなさい」という電話を十一月下旬にいただきました。十二月三日までの開催でしたので、早速、何とか時間を作って行きました。私はそこで、カルチャーショックを受けました。なぜかというと、北宋から来た無学祖元《むがくそげん》の搭けていた掛絡が展示してあったのです。祖元は鎌倉円覚寺のご開山で、生没年は一二二六年から八六年の人で、道元禅師が一二〇〇年から五三年であるところから、大体同時期の方です。そのため、道元禅師が中国へ行かれた時、このような掛絡を見ているはずですし、搭けられていたかもしれません。私はこの掛絡が京都の工芸所に修復に出された時、円覚寺様にお願いしてレプリカを作りました。それによれば、田相《でんそう》（袈裟のつなぎ目の部分と四周の部分とに囲まれたところ）の大きさは縦五〇・五センチ、横は一〇八センチあり、大きなものです。現在私が搭けている掛絡（縦二四センチ、横三三センチ）はこんなに小さなものです。この縁から私は、急速に小衣の研究を始めました。

ここで、そのレプリカを搭けてもらいましょう。普通に前から搭けてみますと、いかに大きなものであるかがわかります。そのため境内や本堂などの伽藍の掃除が容易にできないところから、田相を両脇から三つ折りにしました。掛絡については、宋代の睦庵善卿《ぼくあんぜんきょう》の『祖庭事《そていじ》苑《えん》』などに述べられていますが、その起源の掛絡がこんなに大きいものであったことを知り、びっくりしました。後ろのマネキ（後背とも

いう）を見ますと、現在の掛絡とは上下反対に棹がついています。

次に同じくレプリカですが、室町時代の一休宗純《いっきゅうそうじゅん》が搭けていた掛絡が、京都府京田辺《きょうたなべ》市の酬恩庵《しゅうおんあん》（一休寺）にあります。祖元の掛絡より小さく、棹も細くなっています。徐々に小さくなっていったことがわかります。五条の田相部分は横に長いため、タックの部分にボタンをつけてとめていますが、本物は縫いつけられています。

時代が経つにつれて小さくなってきましたが、同じ禅宗でも曹洞宗・臨済宗・黄檗宗では異なっています。その違いが、各宗派の特徴を表わしたものかと思われます。

曹洞宗では、両大本山の禅師さんら高僧の搭ける大掛絡に当たります。前から搭けるのではなく、左肩をおおうように搭けます。マネキは「折れ松葉」といって松の葉でとめていると考えたのでしょうか。ただし、これが曹洞宗で用いられてきたのはいつ頃かは未詳です。おそらく、宗派仏教が明確になった江戸期であろうかと思われます。

臨済宗の大掛絡は曹洞宗と違って田相が三条になっており、その間を共色の糸で縦に縫われています。これは前にもいいましたように、五条衣をタックして小さくした名残りからとも思われます。普段の掛絡は、曹洞宗より一回り大きく棹も長く環も大きいです。ただ、裏面は曹洞宗が額装のようでありますが、臨済宗は総裏布になっています。高僧より仏道精進する励ましの言葉を揮毫《きごう》してもらっています。マネキは△になっています。

黄檗宗は曹洞宗と臨済宗の掛絡を折衷して作ったようで、裏面は額装ですが、マネキは✡の星です。また、最近の曹洞宗では檀信徒用として長輪袈裟・中輪袈裟・半袈裟などと称したものも出ています。

ところで、前にあげました明治十九年五月の「衣体ヲ斉整スルノ御諭告」にありました五条衣と修持衣ですが、これは現在の曹洞宗では搭けられていません。しかし、当時まで使用されていたことは事実です。実物は全国各地の寺院調査で見つかりました。ここにある五条衣は縦八二センチ、横一三三センチで、七条衣よりは小さいものです。江戸後期から明治初期に搭けられたものですが、最近、江戸初期に搭けられていたものが見つかり、五条衣は江戸初期にも存在していたことが確信できました。

もう一つの修持衣ですが、これは守持衣とも書き、鳳潭《ほうたん》の『仏門衣服正儀編』に「五条守持衣横四肘竪二肘」とあり、五条となっているところから、守持衣は五条衣と思っていました。しかし、『法服格正』によれば守持する最後の大きさであり、色々な布を華やかに張りまぜたものから キリ雑《まぜ》の七条でも九条でもあるといっています。そのため七条も九条もあり、ここにあるのはそのレプリカの一つです。これは黙山元轟《もくざんげんごう》（一六八三—一七六三）の用いていた守持衣で、九条です。前から搭けるものではなく横に搭けるもので、奈良の興福寺にある迷企羅《めきら》像が搭けています。また、横に搭けるものでは、天台宗の比叡山の回峰行者《かいほうぎょうじゃ》の白五条袈裟もあります。

そのほか、曹洞宗の掛絡によく似ている浄土宗の威儀細があります。これは掛絡より威儀、つまり棹が少し長く、環はついていません。同じ浄土系の時宗の前五条は、マネキがなく威儀も細くなっています。

このように、宗派によって特徴がものすごくあります。時代が経つにつれ、五条衣はもっと小さいものになってしまうかもしれません。小三衣というお守りのようなものもあります。これはインドの比丘《びく》の戒律に「離三衣宿戒《りさんえしゆくかい》」があり、五・七・九条の三衣をいつも持っておらねば戒律を犯すことになるところから生まれたものと思われます。

このように私は、道元禅師が掛絡を搭けていたか、守持衣を搭けていたか、五条衣はどのような袈裟を搭けていたかを明らかにしようと思い、今でも調査や研究を行っています。まだ結論を出していませんが、まさに袈裟の研究に始まり、袈裟の研究で終わるのではないかと思っています。

おわりに

最後に学生諸君に伝えたい。本学の学生さんは少しおとなしく、積極さがないように思われます。これからは、どんどん頑張って自分の知らないことを貪欲に求めることを望みます。

私はこんな経験をしたことがあります。大学院の修士課程から博士課程へ行った頃、曹洞宗宗務庁から出版されました『訳註禅苑清規《しんぎ》』という本があります。その索引を私が担当させていただきました。鏡島元隆《かがみしまげんりゅう》・佐藤達玄《たつげん》・小坂機融《きゆう》の各先生より、川口も戒律を研究しているとのことから依頼されました。

昭和四十八年の大学院博士課程二年生の時、二月から半年間永平寺へ安居《あんご》しました。永平寺をおりる（?）時、鏡島先生へ手紙を出しました。その時に書いたのは、九月に永平寺を「こうか」するといって、本当に降るの字で、「降下します」と書きました。それは、他の安居僧もそう書いていたからです。十月に大学へ行ったら、私は大笑いされました。ある先輩から、「鏡島先生が川口は索引も作っているのに、永平寺を降下するとは」と。この場合の本当の「こうか」というのは、「暇を乞う」ことから「乞暇」と書くのです。温厚な鏡島先生に厳しく注意を受けたことになりました。

次に、『法服格正の研究』を出版した時、自序に祖父の大和尚に対して「菩提の冥福を祈る」と書いたのです。そうしましたら、榑林皓堂《くればやしこうどう》先生から、「大和尚に対する敬語を正しく使うべきだ。菩提の冥福ではなく品位を増崇せんこと」だと懇切丁寧な手紙が来ました。私は恥をいっぱいかいていたんですね。当時は、まだ禅の言葉が身についていなかったのです。

ある時、某檀家さんの家へ月参りに行った時、床の間に掛かっている掛け軸の読みと意味を聞かれました。「学校の先生をやっているし、お寺さんだから読めるんじゃないか、読んでくれ」といわれましたが、当時はまったく読めませんでした。これも赤面の至りでした。さらに、「名古屋の寺院の住職をやっているのだから、どうして名古屋にはお寺が多いんですか。曹洞宗はどれくらいの寺院数があるのですか」などの質問も受けましたが答えられませんでした。

こういう経験から自分の無知がよくわかりました。「聞くは一時の恥、聞かぬは一生の恥」、本当に無知から始めれば、何も失うものはありません。だから一度ゼロになって、プライドなんか捨てて、質問をし、学ぶということが大切だと思います。私は無知を恥ととらず励みと受けとめてやってきました。大らかな性格だったからでしょうか。私の研究方法は、すぐ袈裟に関係させますが、袈裟の縫い方と同じと思っています。普通の縫い方は真縫いです。ちくちく縫っていくだけですが、袈裟の縫い方は返し縫いです。返し縫いとは、一度縫って半分戻し、また前に進むという縫い方です。どういうことかといいますと、一カ所がほつれてもまだしっかりとしているからです。これは反復練習と同じことです。一度振り返って後ろへ戻り、熟考してまた進んでいくことです。これを繰り返していると、なるほどということがわかってくるのです。

今相撲界は賑わっていますが、貴乃花親方が元気な時、テレビでアナウンサーの質問に答えていました。アナウンサーが「貴乃花親方の好きな言葉を教えてください」といったら、親方は「誇り」といいました。彼は自尊心をすごく持っていたから、自然に出た言葉でした。続いてアナウンサーは、「嫌いな言葉を教えてください」といいましたら、「プライド」といっていました。同意ですが、受け取り方は違う言葉と思われます。

皆さんもプライドなんか捨てて、ゼロから、無知の姿勢で学んでみますと、だんだんと血となり肉となり成長していくような感じがします。学ぶことは「真似る」という言葉に由来します。永平寺の宮崎奕保《えきほ》禅師がよくいっていらっしゃいました。自分はお師僧さんの真似をしている。一日真似れば、一日のお師僧さん、一カ月なら一カ月の師僧、一年真似れば一年のお師僧さんになる。では、一生真似たらどうなるか。それは、本物になるというんです。だから、一生懸命に一生やれば、なんでも本物になると宮崎禅師はいっているのです。

私も鎌田先生の真似をしてみようと思い、努めてきました。本当に学問は人間の経験を学ぶことだと痛感するようになりました。鎌田先生が東京大学を定年になって本学文学部の日本文化学科の教授としてお見えになった時、「おめでとうございます」といって、一杯飲みました。また、先生が退職される時、今日ここに出席されていますが、当時の書道部に所属していた吉岡博瑞君に頼んで、鎌田先生には書道部の部室へ来ていただき、先生に最後の揮毫をいただきました。それは先生の座右の銘であり、『論語』の「一以貫之」でした。孔子が、自分の人生を振り返って見ると、一つのことに打ち込んで貫き通したとの言葉です。その言葉を揮毫していただき、大幅であり、見事な字であったところから、集まっていた学生らとともに思わず拍手しました。あの時は感激でした。それと横額を書いていただきました。しかし、落款《らっかん》と蔵書印を間違って持ってこられたので、これらの大幅と横額には蔵書印が押され、他にない唯一のものだと貴重品扱いされました。その横額は研究室に掛けています。研究室へ入るたびに、鎌田先生がいつも見ていて応援してくれているような気がいたしました。

「志　いまだ老いず」は、江戸後期の儒学者・佐藤一斎《いっさい》の有名な『言志後録』にある、「血気には老少有りて、志気《しいき》には老少無し、老人の学を講ずるには、当に益《ますます》志気を励して、少壮の人に譲る可からざるべし」という言葉から出てきたものです。人間の体力から発する血気には、青年と老人とで大きな違いはあるが、精神よりほとばしる志気、志というものは、老人と青年の間には違いがない。かえって老人のほうが、志は高くあるということを一斎は教えています。よく座右の銘にしている方も多いようです。私は六十歳を迎える頃から、「志は老いず」の意気込みで進んできました。しかし、現在も「志　いまだ老いず」で、これからの人生を歩んでいこうと思っています。

最後に、私は何とか、専任で四十一年、二年間の非常勤講師の合計四十三年間、愛知学院大学に勤めさせていただきました。そして無事に定年退職します。学校当局をはじめ、お世話になった多くの皆さんにも深く感謝いたし、厚くお礼を申し上げます。ありがとうございました。また、大病もせずに今日を迎えられたことは、家庭にいる家内をはじめ、子どもたちにも支えられたからです。家族にも感謝したいと思います。自分の一生を振り返ると、「宗教学」に始まり、「宗教学」に終わる教育・研究生活でした。また、袈裟研究に始まり、袈裟研究に終わる学究生活であったともいえそうです。

今日は遠く、秋田・山形・東京・京都からも教え子や友人らに来ていただき、また、地元の多くの方も出席していただき、本当にありがとうございました。18歳の学生諸君、私と52歳違いますが、これからの長い人生を頑張って生きぬいてください。反対の81歳の大先輩の皆さま、「志いまだ老いず」、ますます志を高く持って頑張ってやっていただきたいと思います。一時間半のご清聴、本当にありがとうございました。これからもどうぞよろしくお願いいたします。ありがとうございました。

※本講演は平成三十年一月二十日に愛知学院大学日進キャンパス学院会館ホールで開かれた「禅研究所公開講演会」の講演要旨に加筆・訂正してまとめたものです。

2　名古屋の寺院と名僧（講演）

はじめに

只今ご紹介をいただきました川口です。よろしくお願い申し上げます。

私の今回の講演は、二回目となります。今から六年前、平成二十二年の第四十二回名古屋市仏教徒大会でも講演させていただきました。二度も招待され、誠に光栄であります。ここに名古屋市仏教会会長の軽部浩史師（港区喚応寺住職）にお礼申し上げます。本来であれば、第四十二回大会は平成二十一年の予定でした。しかし、当ホールの電気設備の火災で中止となり、一年延期となってしまいました。

平成二十二年の講演では、沢庵《たくあん》和尚（沢庵宗彭《そうほう》　一五七三―一六四五　沢庵は道号、宗彭は諱《いみな》）の『不動智神妙録《ふどうちしんみょうろく》』にある道歌（道徳的・教訓的な短歌）、「心こそ心まよわす心――先人の言葉に学ぶ――」の題で講演しました。私も若い時には、本大会で受付係や会場係を担当したことがあり、某先生の講演を聴いて感動しました。まさか私がこの会場で講演をするとは思ってもいませんでした。しかも二回も講演をさせていただき感激しています。これも仏縁と感謝しています。今日は講演のためスーツ姿ですが、いつもは木魚をたたいてお経を読んでいるお坊さんと大学生に仏教学を教えている教師です。

私ごとですが、平成二十一年三月に父を亡くしました。その一カ月前には家内の父を亡くし、翌二十二年の六月には母を亡くしました。一年半の間に三人の親を亡くしてしまいました。そのため第四十二回大会は十月二十五日であったため、悲しい思いで講演をしたことを覚えています。当時の私は六十二歳でありましたが、現在は六十八歳になりました。先ほどご挨拶なされた愛知県仏教会会長の伊藤正導師は私より一つ年上の方で、中村区の正賢寺のご住職です。私は昭和二十三年三月生まれの「団塊の世代」で子年《ねずみ》です。そのためチョコチョコ動き廻り落ちついていません。しかし最近、年のせいかチョコチョコできなくなりました。団塊の世代といえば、今日お見えの方の中にたくさんいらっしゃるかもしれませんが、昭和二十二から二十四年生まれで、一学年で約二七〇万人前後います。ところが、最近の人口は一学年一〇〇万人前後となり、一七〇万人が減っています。私たちより先輩の方々は退職金もかなりいただいており、年金も多いようですが、団塊の世代は年金だけで生活できるかどうかわからない時代となっています。

実をいいますと、私は「痛風友の会」の会員です。「痛風」という病気をご存知ですか。足の先が痺《しび》れたりするんですよ。なぜなったかといえば、旨いものばかりを食べているからとよくいわれます。しかし、私はそうではありません。体質からと思っています。尿酸値の高いことが関係していると思っていますが、尿路結石といい、尿道に石ができるのです。ダイヤモンドの原石が溜まればいいのですが、尿路結石は痛いです。石のできる原因は、プリン体の多い食物・飲物からで、それらはダメだと医師からいわれました。そこで、石を流すのに一番良い方法としてビールを飲んで尿路から石を流そうと自分勝手に考え、ビールをガンガン飲みました。ところが、石は流れるかもしれませんが、それとともに石をどんどん製造していたのです。ビールのお陰でお腹も出てきて、メタボにもなってしまいました。そのため、ビールから焼酎に換えました。痛風のため薬を飲んだり、食べるものを換えたりしましたが、六十八歳にもなると、今度は歯が抜けてくるんですよ。そのため硬いものは苦手で、特に「鶏のから揚げ」は硬く、歯が折れてしまいます。皆さんは大丈夫ですか。この六年間で上の歯が二本抜けてしまい、さし歯にしたのですが、さし歯は困りますね。緩《ゆる》くなると上手く発音ができないのです。一番苦手なのは「さ行」です。「さしすせそ」が「さすすせす」になってしまいます。

最近、車を運転していると、左目の左下部分がガチャガチャとガラスが割れたようになったんです。そして黒いものが眼の中に出てくるのです。蚊が飛んでいるように見える飛蚊症《ひぶんしょう》ではないですが、眼科へ行きました。検査の結果、先生は大丈夫だといわれました。しかし、脳の神経からかもしれないといわれ、念のため神経内科でＭＲＩ検査を勧められました。検査をしたところ、今のところ異常はないとのことでした。加齢からきた症状かともいわれましたが、確かな原因はわかりません。最近は「ガンバロウ、ガンバロウ」と思っても、頑張ることがあまりできなくなってきました。体がすぐにいうことはきかなくなったのです。

六十五歳を迎えた時に、「老齢基礎年金」の請求書を出すようにとの通知がきました。それを見て私は愕然としました。その次には、名古屋市から「敬老手帳」と「敬老パス」がきました。さらに、その一カ月後には介護保険料を出すようにとの通知がきました。その時は大ショックでした。私は高齢者の仲間に入ったのですが、現在、高齢者は六十五歳と定義されています。私は七十歳の方がよいように思います。七十五歳からは後期高齢者、八十五歳は末期高齢者でしょうか。「高齢者」という言葉は、あまり気持ちがよいものではありませんね。自分がその年齢になって初めてわかりました。

今年（平成二十八年）五月十二日に俳優の平幹二朗《ひらみきじろう》さんが亡くなられました。平さんが大変お世話になった演出家の蜷川幸雄《にながわゆきお》さんが亡くなられた時、平さんは蜷川さんに、「又逢いましょう。もうすぐ行くから」と、弔辞《ちょうじ》を述べられました。死者に対してグッドバイでなく、また逢えるのだという考え方は死に対して怖くもなく、悲しみでもない、しばしのお休みだととらえているのです。

話が少し脱線してしまいましたが、テレビのお笑い番組に「笑点」という番組があります。最後に落語家らによって「大喜利」があり、若い「18歳」と老人の「81歳」の違いをいっていました。

そのように対照してみると面白いですが、若い人も高齢者もみんな同じ歳であるといっている方がいます。それは江戸時代の臨済宗の僧・仙崖義梵《せんがいぎぼん》（一七五〇―一八三七）です。仙崖は絵画の得意な方で、洒落た絵を書き、それに禅の公案《こうあん》や悟りの言葉などを加えて皆さんに差し上げていました。その言葉に、「みな同い年」というのがあります。十八歳と八十一歳は年齢が違いますが、「あちら側（死に年）」から見たならば、みんな横一線の同じ歳だというのです。それを教えてくれたのが、平成二十二年三月十一日に起きた東日本大震災です。二万人近い人が一度に亡くなり、今なお行方不明者がおられます。最近、自分の子供であることがＤＮＡ鑑定でわかったという方もいました。震災後の新聞には亡くなられた方の名前が毎日載っていました。年齢を見ると、〇歳の赤ちゃんから一〇〇歳を超えた老人もいました。一瞬にして亡くなったことから、年齢による順番はありませんでした。そのため十八歳も八十一歳も「あちら側」から見ると同じ歳になるのです。

若い時は血気盛んです。しかし、高齢者の志気は若い人より高いと先学は述べています。江戸時代の儒学者・佐藤一斎《さとういっさい》（一七七一—一八五九　江戸期の昌平黌《しょうへいこう》、今の東京大学の学長）は、『言志後録』の第二四三条に、

血気には老少ありて、志気《しいき》には老少なし。老人の学を講ずるには、まさにますます志気を励まして、少壮の人に譲るべからざるべし

といい、血気盛んな若い人と老人では肉体的に大きな違いはありますが、志にはその差がないということをいうのです。かえって志は、青年より老人の方がいいと言うのです。

世阿弥《ぜあみ》（一三六三―一四四三、一説に生没年不明　室町時代前期の能役者、能〔謡曲〕作者、能楽伝書の著者）を御存知ですか。世阿弥は『花鏡《かきよう》』に、

老後の初心を忘るべからず。老後の初心忘るべからずとは、命には終りあり。能には果てあるべからず。

と、述べています。「初心」という言葉は、若者だけにあてはまるものではありません。その時その時の、初心を忘れるなというのです。七十歳ならば七十歳の初心ということです。その年齢はその時しかなく、その時が初めてです。だから、その年齢の初心を忘れるなというのです。たとえば、六十歳の人が七十歳の方の初心がわかりますか。七十歳を経験していませんね。七十歳になって初めて経験することです。その歳、その時の初心を忘れることなく志を持ちなさいと、世阿弥は教えているのです。誰でも死を迎えます。老いたくなくても老いていきます。病気になりたくなくても病気になります。そして、自然に死を迎えます。お釈迦様がいわれたように、「生老病死」の人生です。しかし、私たちは今日まで生きてきました。こんなにありがたいことはありません。病気で亡くなる人、交通事故で亡くなる人、今日の只今、東別院で講演を聴いている人、今生きていることが事実です。しかし、帰宅する途中はわかりませんよ。どこでひっくり返るか、倒れるかわかりませんよ。だからこそ、今を大切にするのです。テレビによく出られている東進予備校の林修先生がいっていますね。予備校の学生に対していっていることですが、

「いつやるんだ」「今でしょう」、今を大切にしなさいというのです。

禅の言葉に、「前後際断《ぜんごさいだん》」（未来と過去とを対立的に見る見解を截断《せつだん》して、絶対の現在に生きること）という禅語があります。皆縁あってつながっています。今やっていることは、今でおしまいということではありません。ずーっとつながっているのです。「継続は力なり」という言葉がありますね。その時、その場のことを一生懸命に行い、続けていくのです。それが「今に生きる」ということなのです。

余談が長くなりましたが、話を進めてまいりたいと思います。

私は以前から「名古屋の仏教」について興味を持っていました。それはどうしてかといいますと、私が名古屋出身であることはもちろんですが、お寺さんは何でも知っているものと檀家さんは思っておられるようで、その話の中で「名古屋はお寺が多いですね」という話になり、「何宗が一番多いですか」「熱田区は何カ寺ありますか」などを聞かれました。しかし、私は確かなことを答えることができませんでした。また、三十歳の頃、ある檀家さんの家で法要があった時、床の間に掛けてある軸の文字を読んでほしいといわれ、私に尋ねてきました。しかし、残念ながら私は読むことができず、恥ずかしい思いをしたことがありました。若い時の恥は頭の中にいつまでもインプットされています。軸の字を何とか読めるようになりたいとか、名古屋の仏教について、よく知っておかなければならないと思ったことがありました。それが研究のきっかけでし

大須観音

◀日泰寺の釈尊御真骨奉安塔

た。郷土史家や地方史研究者の方に教えてもらい、また研究会にも出席させていただき、今は少しずつわかるようになりました。

床の間の言葉は同じ文句がよく使われています。字のくずし方が少し異なってわからないこともありましたが、よく見ますと、めでたい言葉や感動の一句が多いように思えます。

名古屋の駅名には、多くの寺院の名前が用いられています。たとえば地下鉄では、ここに来られる時に降りた駅名である「東別院」をはじめ、少し先には「大須《おおす》観音」（寺号は宝生院真福寺《ほうしょういんしんぷくじ》）があります。一番有名な寺院の名前はご存知ですか。それは「覚王山」です。「覚《かく》」はさとると読みますね。覚《さと》った王様で、誰かといえば、ブッダ、釈尊、お釈迦さまのことです。お寺は町の真ん中のビル街にあっても、田舎にあっても山が付いています。お寺には山号《さんごう》（寺名に冠する称号）と寺号《じごう》（寺の名）があります。インドで生まれた仏教が中国へ伝わり、中国では山の頂上や中腹にお寺を建てたところから、その山の名前の「○○山」を山号としてつけるようになりました。覚王山も、鍋屋上野《なべやうえの》の高い台地にありますね。現在、日泰寺《にったいじ》（明治三十七年十一月十五日に覚王山日暹寺《にっせんじ》と公称し、天台座主《ざす》吉田源応大僧正《だいそうじょう》を第一世住職として、開創された。昭和十七年三月三十一日に日泰寺と改称）といいますが、草創当初は日暹寺（明治三十三年、シャム国〔暹羅国は現在のタイ国〔泰国〕〕から贈られた釈迦牟尼《しゃかむに》如来《にょらい》の真霊骨を奉安）と称していました。山号は、釈尊を祀るところから「覚王山」としました。地下鉄の駅名を「覚王山」としていますが、それはブッダ、お釈迦さんと呼んでいるのです。

最近、河村たかし市長は名古屋城の天守を木造化しようと頑張っていますが、新聞のアンケート記事によると、大都市では名古屋が魅力のない街のナンバーワンだそうです。残念ですが、仕方がありません。では、そうならば魅力がないのでなく、魅力のある街を作ったらどうでしょうか。名古屋にはお寺がいっぱいあります。名刹《めいさつ》（名高いお寺）が多いです。江戸は将軍が住んでいた所、京都は天皇が住んでいらっしゃった所でした。大阪は「天下の台所」で、現在も一番賑わっている商業地であります。では名古屋といえばまず、「中京《ちゅうきょう》」を思い出します。「京」は都のことです。ある地方史研究者の先生は、「中京」という言葉を使用することはダメだといいます。それは名古屋に都が置かれたことがないためで、なぜ「中京」という言葉を使うのかというのです。

皆さん、テレビの天気予報を見ることがあるでしょう。よく見ていますと、CBC（中部日本放送）は、「中部地方の天気予報をお知らせします」、東海テレビは、「東海地方の天気予報をお知らせします」といいます。名古屋テレビは、「名古屋地方の天気予報をお知らせします」です。中京テレビは、「中京地方の天気予報をお知らせします」、テレビ愛知は、「愛知県地方の天気予報をお知らせします」というように、それぞれ地方のいい方が違っています。中京テレビが「東海地方」を使い、東海テレビが「中京地方」を使ったら、それぞれの放送局が他局を宣伝することになるからといわれます。そのため、NHKは公平を期しておるところから、「この地方の天気予報」といっています。この呼称は少し誇張と冗談が入っていますが、以前は意識してこのように呼んでいたようです。

名古屋はケチだとか、「大いなる田舎」などともいわれてきました。昔とだいぶ変わってきましたが、普段はお金を節約してケチといわれました。冠婚葬祭になると、派手にお金を使っていましたが、最近の傾向では、葬儀を家族葬で簡単に済ます方もいるようになってきました。名古屋人はケチといわれますが、ケチ根性になったのは歴史的背景があるようです。名物の「きし麺」は、うどんを平らにしたものですね。きし麺になるまでにはいろいろな説があります。尾張藩の殿様にうどんを献上した時、雉《きじ》の肉を入れたことから「きじ麺」と呼ぶようになり、それからきし麺になったという説もあります。もう一つは紀州の人が考案したため、「紀州麺」となり、きし麺になったという説もあります。うどんを平らにしたことで、うどんより早く茹で上がり効率がよいのです。

名古屋の名物といえば「味噌煮込みうどん」もありますが、本当の味噌煮込みうどんは麺が半生です。食べた麺の残りを味噌のだしにつけると柔かくなり、光熱費がかかりません。きし麺や味噌煮込みうどんは光熱費を節約するところから出てきた料理といっても過言ではないのでしょう。山梨県には「ほうとう」がありますね。きし麺の親方のような横幅の広いものです。武将の武田信玄が考案したともいわれ、戦場の砦で野菜や肉などを入れて煮た巻繊汁《けんちんじる》の中に入っているもので、戦場で早く食べられるようにしたものといえます。名古屋の人はケチではなく、節約することを考えていたと思います。また、名古屋にあまり評判のよくない名古屋弁があります。猫がニャーニャー鳴いているように、話しの語尾に「ミャー」とか「ガヤー」を付けて喋りませんか。名古屋は本当に独特な文化のある地方といえます。

名古屋の特色と区別・宗派別寺院数

全国でお寺が一番多い都道府県はどこだと思いますか。実は愛知県ですよ。【表二】をご覧ください。

平成二十五年度版『愛知県統計年鑑（第六十二回）』によれば、愛知県内に四七二〇カ寺あります。そのうち名古屋には九八三カ寺、豊田市に三五二カ寺、岡崎に三四五カ寺、一宮市に三二八カ寺、西尾市に二九三カ寺、豊橋市に二〇〇カ寺、豊川市に一八八カ寺があり、以下は【表一Ⓐ】の通りです。この【表一Ⓐ】を見ますと、お城のある地域にお寺が多くあります。それはなぜかといいますと、お寺が砦の役割をしていたからです。平成十二年の名古屋の寺院数を区別と宗派別に見ますと、一〇一二カ寺です（【表二】）。平成二十五年度版の『愛知県統計年鑑』では九八三カ寺とあり、数に違いはありますが、それはお寺が統廃合されてなくなってきていることを表わしています。つまり廃寺や合併したことによるのです。全国におけるお寺の数は約七万六〇〇〇カ寺あり、その中で愛知県には約四七〇〇カ寺あります。現在、コンビニは全国で五万二〇〇〇店ありますが、その中で愛知県内には三六六一店あるそうです。名古屋市内には一二七一店あります。市内の寺院は、以前はコンビニより多くありましたが、現在では逆転してしまったのです。

次に、【表一Ⓑ】の名古屋の区別寺院数をご覧ください。中区が一二五カ寺、中村区が九十六カ寺、中川区が九十五カ寺、西区に八十八カ寺、熱田区に八十三カ寺あり、以下は【表一Ⓑ】の通りです。デパートや店舗の多い中区にお寺が一番多いのです。これは不思議と思いませんか。隣の東区も関係していますが、寺町《てらまち》があるということです。大須周辺の南寺町、東桜の東寺町と

【表一】

(A)　現在の愛知県寺院数

市郡名	寺院数
名古屋市	983
豊田市	352
岡崎市	345
一宮市	328
西尾市	293
豊橋市	200
豊川市	188
稲沢市	178
知多郡	146

市郡名	寺院数
新城市	110
愛西市	94
田原市	92
津島市	92
あま市	78
蒲郡市	76
春日井市	73
江南市	73
小牧市	73

市郡名	寺院数
安城市	71
刈谷市	67
犬山市	63
碧南市	57
清須市	54
常滑市	53
半田市	49
海部郡	45
北名古屋市	43

市郡名	寺院数
東海市	43
瀬戸市	39
知多市	37
額田郡	34
岩倉市	32
弥富市	32
丹羽郡	28
知立市	27
大府市	26

市郡名	寺院数
日進市	25
みよし市	22
北設楽郡	19
高浜市	19
豊明市	17
長久手市	13
愛知郡	12
尾張旭市	11
西春日井郡	8
合　計	4,720

(B)　名古屋の区別寺院数

区　別	寺院数
熱田区	83
北　区	54
昭和区	72
千種区	80
天白区	25
中　区	125
中川区	95
中村区	96

区　別	寺院数
西　区	88
東　区	77
瑞穂区	50
緑　区	28
港　区	47
南　区	47
名東区	19
守山区	26
合　計	1,012

【表二】

宗　派	寺院数
天台宗	29
天台寺門宗	5
天台真盛宗	1
本山修験宗	1
金峯山修験本宗	11
高野山真言宗	16
真言宗醍醐派	7
真言宗東寺派	2
真言宗御室派	1
真言宗大覚寺派	1
真言宗智山派	31
真言宗豊山派	18
真言宗国分寺派	2
不動教	1
浄土宗	76
浄土宗西山深草派	1
浄土宗西山禅林寺派	26
西山浄土宗	22
浄土真宗本願寺派	26
真宗大谷派	279
真宗高田派	21
真宗仏光寺派	1

宗　派	寺院数
真宗三門徒派	2
真宗誠照寺派	1
真宗木辺派	1
時宗	1
臨済宗妙心寺派	47
臨済宗方広寺派	1
臨済宗永源寺派	2
臨済宗東福寺派	4
曹洞宗	227
如来教	5
黄檗宗	6
日蓮宗	72
日蓮正宗	4
顕本法華宗	1
法華宗（本門流）	1
法華宗（陣門流）	6
大乗教	6
本門仏立宗	7
在家日蓮宗浄風会	1
日本山妙法寺大僧伽	1
華厳宗	1
単立	37
合計	1,012

いわれる所です。「清洲越《きよすごし》」といって、清洲の町から名古屋へ引っ越してできた町であるところから、寺院がまとめられたのです。寺院数は寺院の統廃合や町の平成の大合併、区の分け方によるところから異なった数字になるため、大まかな数字と考えてください。

次に、あらためて【表二】の宗派別の寺院数をご覧ください。真宗大谷派が二七九カ寺、曹洞宗が二二七カ寺、この二宗派で約半分を占めており、残りの五〇〇カ寺がそれ以外の宗派の寺院です。寺院数は名古屋の市域拡大によって江戸初期から徐々に増えてきました。尾張藩主徳川家は浄土宗であったことから、初めは浄土宗のお寺が多くありましたが、農業地域の多かった中川区、中村区の区域が市に入ったところから真宗が多くなってきたようです。

名古屋の寺院の歴史的配置と地理的配置および修験道

次に、名古屋の寺院を歴史的配置と地理的配置の二方面からお話したいと思います。まず、歴史的配置から見ることにします。

(イ) 慶長遷府《けいちょうせんぷ》以前から所在している寺院、つまり、尾張の中心地はご存知のように清洲でしたが、江戸時代になると、徳川家康は初代尾張藩主義直《よしなお》のために、名古屋城を築きました。そして清洲より町を引っ越しさせました。それを「慶長遷府」といっていますが、それ以前から所在しているお寺に、万松寺《ばんしょうじ》・養蓮寺《ようれんじ》・誓願寺《せいがんじ》などがあり、数は少なかったです。

（ロ）清洲から引っ越してきた清洲越はすでにお話ししましたように、現在の東区東桜・中区新栄にあたる東寺町に、禅宗（曹洞宗）のお寺と日蓮宗（法華宗）のお寺がずらりと並んでいます。この二宗の寺院で占めているところから、こちらの通りは「禅寺町」、あちらは「法華寺町」とも呼ばれていました。一方、南寺町は中区大須・上前津・門前町・橘あたりで五十カ寺ほどがあり、浄土宗と曹洞宗で過半数を占めていました。

（ハ）清洲以外から移転してきた寺院の代表に、先ほどご紹介した有名な大須観音があります。以前は岐阜羽島の大須にありましたが、洪水が頻繁にあったことから、現在の場所に移ってきました。大須観音には歴代の住職が集めた仏教書などが「大須文庫」として所蔵されています。その他に福生院《ふくしょういん》や東区の徳源寺《とくげんじ》があります。

（ニ）慶長遷府後に造営された寺院は、東区にある浄土宗の建中寺《けんちゅうじ》や、中区にある栄国寺《えいこくじ》、西区の円頓寺《えんどんじ》もそうです。浄土宗が多いのは尾張徳川家の菩提所の建立《こんりゅう》とその保護下の寺院が多いためで、臨済・曹洞の禅寺が多いのは町人や武家の信仰寺院として必要なために建立されたからでしょう。

（ホ）慶長遷府後に復興された寺院です。江戸時代には、新たに寺院を建立することが認められていませんでした。そこで、教線を拡張するには、今まであった寺院の宗派を変更させて、拡張していったのです。このようなお寺には、北区の長栄寺《ちょうえいじ》があります。元は現在の東郷町にあった長栄寺の寺号を移して、名古屋城の東北の、いわゆる鬼門《きもん》に当たる現在の柳原辺りに十代藩主徳川斉朝《なりとも》の御健勝を祈願して建てられました。

このように成立した理由を歴史的に見ると、五つに分けることができます。

戦前、白川公園はお寺ばかりでしたが、昭和十三年頃から、十七、八年頃にかけて町家の火災を避けることから、寺院が移転することになりました。そのため戦災に遭わなかったお寺もかなりあります。清洲越によって東寺町や南寺町はできましたが、近年では中区から他地域へ移転していったお寺もかなりあります。私はそれを「中区越」といっています。清洲越にならって称したのですが、これらの寺院に所蔵する文書などの研究を行うと新たなことが明らかになるかとも思われます。

次に「地理的配置」から見てみましょう。

（イ）名古屋の四方に通ずる街道の関門として配置された寺院です。名古屋の東西南北を見ますとよくわかります。北には木曽街道・善光寺街道（下街道）があります。また、龍泉寺《りゆうせんじ》街道には龍泉寺（守山区）があります。その西側には長母寺《ちょうぼじ》（東区）があり、北側に矢田川があって北側からの攻撃の防御に役立っています。つまり、街道の要所要所にお寺が置かれているのです。西側を見ますと、美濃に通ずる上街道があり、その南には津島街道があります。南側には先ほどからお話していますが南寺町があり、東海道には熱田の寺院群や笠覆寺《りゅうふくじ》（笠寺《かさでら》観音、南区）があります。東側を見ますと、駿河《するが》街道すなわち飯田街道・岡崎街道に八事《やごと》の興正寺《こうしょうじ》（昭和区）があります。このように四方の主要街道には大きなお寺があり、そこに武士団を集めて敵の侵入を防ぐ砦としたのでした。

（ロ）集団的に配置された寺町寺院です。名古屋城に通ずる街道の途中に南寺町と東寺町が作られました。お寺の天井が高いのは、弓を打つ時に弓が天井に当らないためにです。集団的に配置された寺町寺院には、浄土宗と曹洞宗を中心に、真宗・真言各宗が集って南方の守りを、曹洞宗と日蓮宗寺院で東側の守りを固めていました。

（ハ）町の整備のために配置された寺院。これは碁盤割《ごばんわり》といいまして、長者町あたりの区画整理によって作られた町です。区画整理によって残った間所《かんしょ》（空き地）を利用して小さなお寺が建立されました。そのため境内は狭く、町人を対象とする真宗寺院が多く配置されています。現在の丸の内・錦・栄あたりです。

（ニ）熱田寺院。熱田は名古屋ができる以前からあった町です。熱田神宮の門前町であるとともに、江戸期には東海道の宿場町でもありました。そのため町が発展し、熱田神宮と関連のお寺も多く、「熱田百ヶ寺」といわれるほど多くありました。

さて、名古屋の仏教をながめるには、修験道《しゅげんどう》も見なければなりません。修験道は日本古来の山

富士浅間神社

岳信仰が、道教や儒教などの影響により平安時代末に一つの宗教体系を作りあげたものです。そのため教祖による創唱的宗教とは違い、山岳宗教による超自然的力の獲得とそれを用いて呪術宗教的な活動を行うものであります。比叡山の回峰行《かいほうぎょう》もその一つです。

　では、名古屋（名護屋御城下）にはどれくらいの修験が存在したのでしょうか。寛文年間（一六六一—七三）の様子がわかる『寛文村々覚書《おぼえがき》』によれば、四院しかありません。私が所蔵する享保十一年（一七二六）八月筆写の『諸宗寺院録』によれば、「山伏真言修験当山方」が二十三院、借家を道場として居住した「借宅山伏」は二十一院あり、計四十四院が存在しました。時代が下るにつれ、「当山方」の院が増えており、文化十一年（一八一四）四月に書き改められた『尾州寺社関係』には三十一院があげられています。

　このように名古屋は、当山《とうざん》派《は》修験道のみで、南寺町の清寿院《せいじゅいん》や大乗院の袈裟下（門流）が多く、両院は名古屋城への年頭拝礼も許されていました。清寿院は初め「富士山観音院」と称しましたが、寛文七年（一六六七）に藩命によって「清寿院」と改められました。尾張藩領内の修験を支配する修験頭《がしら》で、出陣や儀式などでの合図役の軍貝役《ぐんばいやく》にもなり、富士浅間社の別当《べっとう》でもありました。合力米《ごうりきまい》年二十石を給わるなど、尾張藩と密接な関係にありました。境内は現在の浪越《なみこし》公園跡

（那古野古墳公園）から富士浅間神社一帯を含む広さでした。しかし、明治初年の神仏分離令《しんぶつぶんり》にはじまる一連の明治新政府の宗教政策によって、同五年九月には修験宗が廃止となり、旧本山派の修験は天台宗、旧当山派は真言宗に所属させられたのです。戦後には真言宗醍醐《だいご》派（総本山三宝院《さんぼういん》）、本山修験宗（総本山聖護院《しょうごいん》）、金峯山《きんぷせん》修験本宗（総本山金峯山寺）などに独立しましたが、現在の名古屋には、この三派に所属する院や教会が十九院存在しています。

真宗と曹洞宗が多い名古屋寺院

名古屋は真宗と曹洞宗寺院で約半分を占めています。清洲よりの遷府当時は、曹洞宗の三十四カ寺が筆頭でしたが、遷府後の貞享五年（一六八八）には、浄土宗鎮西《ちんぜい》派が五十九カ寺、曹洞宗四十八カ寺、真宗四十一カ寺の順となっていました。しかし、天保十四年（一八四三）に成立した『尾張志』によれば、五十六カ寺の真宗が一番多く、四十九カ寺の曹洞宗、四十六カ寺の浄土宗という順に変わりました。『名古屋市史』社寺編が刊行された大正四年頃は、浄土宗が九十六カ寺、曹洞宗が七十七カ寺、真宗六十五カ寺（大谷派四十七、本願寺派十八）の順となっています。その後、隣接する町村との合併編入によって市域は広がり、寺院数は増えていきましたが、昭和二年には一三二カ寺の曹洞宗、一一五カ寺の浄土宗、一一一カ寺の真宗と続きました。同十二年

真宗大谷派名古屋別院（東別院）

には一五四カ寺・十六教会（布教所）の曹洞宗、一二〇カ寺・十一教会の浄土宗、一一四カ寺・八十四教会の真宗の順となっていきました。戦後の昭和二十三年には三一三カ寺の真宗、二〇七カ寺の曹洞宗、一二一カ寺の浄土宗の順に変わり、平成八年には三三一カ寺の真宗、二二七カ寺の曹洞宗、一二五カ寺の浄土宗となり、多少の増減はあるものの宗派順は変わっていません。ただし、真宗はその中の二七九カ寺が真宗大谷派で、続いて二十六カ寺の浄土真宗本願寺派、二十一カ寺の真宗高田派と続き、圧倒的に真宗大谷派が多いのです。名古屋の真宗大谷派は東本願寺の直末《じきまつ》（大本山の直接の末寺）が最も多く、続いて三河三カ寺の針崎勝鬘寺《しょうまんじ》、佐々木上宮寺《じょうぐうじ》、野寺本證寺《ほんしょうじ》の末寺もある。元は伊勢の桑名郡長島にあった寺院が移ってきたものと、三河より尾張へ入ってきた寺院から成り立っています。碁盤割内には境内の小さい真宗寺院が多く、町民の切支丹《きりしたん》（戦国時代に日本に伝来したカトリック系のキリスト教。また、その信徒。「吉利支丹」とも書く）対策にも一役をなしています。

曹洞宗は中世武士層の帰依により次第に発展しました。万松寺・桃巌寺《とうがんじ》・含笑寺《がんしょうじ》などは戦国期の織田一族によって生まれた寺院で、その影響が大きかった。また、熱田寺院は熱田神宮大宮司の千秋《せんしゅう》氏や祝詞《のりと》師の田島氏によって開かれた法持寺《ほうじじ》や円通寺《えんつうじ》を中心に、医師の浅井家によって開かれた福重寺《ふくじゅうじ》や善長寺《ぜんちょうじ》（妙覚寺《みょうかくじ》）があります。根古屋《ねごや》（鳴海《なるみ》）城主の安原宗範《むねのり》によって開かれた瑞泉寺《ずいせんじ》、小幡城主岡田重頼《しげより》が開いた大永寺、御器所西《ごきそにし》城主の佐久間盛次《もりつぐ》が創建した龍興寺《りょうこうじ》、水野和泉守《いずみのかみ》による大高《おおだか》の春江院《しゅんこういん》などは末寺を増やして門流が発展していきました。

名古屋に寺院が多い理由

名古屋に寺院が多いその理由を探ってみますと、次のようなことがいえるのではないでしょうか。

（イ）古代から名古屋およびその周辺には大きな神社が多く、宗教信仰の盛んな地であったと考えられます。それは名古屋市内に熱田神宮があります。熱田神宮は寺院ができる前からありました。津島市には津島神社、稲沢市には国府宮《こうのみや》神社、一宮には真清田《ますみだ》神社などがあります。神社が祀られるようになった理由は、氏神《うじがみ》信仰や豊作を祈願するなどの宗教行事によって、自然と宗教への信仰が盛んになっていったためです。

（ロ）濃尾平野の肥沃な広大な丘陵地を背景に、経済的基盤が安定していたことです。名古屋の西側には庄内川があり、この水を利用して広大な稲作地帯ができていることです。東側は丘陵地が続き、果実などの生産がありました。

（ハ）戦国時代には織田信長・豊臣秀吉・徳川家康が出て、全国統一に向け多くの戦乱を体験しました。そのため戦国期のような苦しみを繰り返したくないとの民衆の願いから、仏教信仰が篤《あつ》くなったと考えられます。尾張では、「一子出家すれば九族天に生ず」といわれ、一人出家すれば、九代にわたる先祖供養になるとの篤い信仰心がありました。そのため、こぞって出家させ、「尾張は大根と坊さんの名産地」とまでいわれるようになりました。

（ニ）尾張徳川家は三百諸侯の筆頭でありました。ある時、藩祖徳川義直は、名古屋城に町民を集め、その家の宗旨《しゅうし》を尋ねたところ知らなかったため、義直は僧侶に宗旨を布教することを推し進めたともいわれます。またそれは、切支丹禁止政策のためだという説もあります。

（ホ）地理的に見ると、名古屋は江戸と上方《かみがた》の東西文化交流の接点として、文化人の往来が頻繁でありました。そこで、名古屋のオリジナル文化を作るため、当時の文化人といわれた僧侶の育成に力を入れました。それは、当時の文化を作る人は僧侶であり、東西地域の僧侶が必ず名古屋を通るところから、上方や江戸で流行していた文化を知り、そこからオリジナルの名古屋文化を作ろうとしたのです。

（ヘ）七代藩主徳川宗春《むねはる》の失脚後、幕府に対する劣等感というのか、アンチ幕府という意識が生まれ、それをエネルギーに仏教文化の向上を進めたと思われます。しかし、これは私が勝手に想像したことです。時の八代将軍徳川吉宗は倹約令を出し、倹約に努める時代でありました。ところが宗春は、消費は美徳であるという考えで、芝居や芸能文化を推進して消費を進めました。経済効果は活発になり、名古屋は元気な所となったのですが、最後は破綻し宗春は失脚してしまいました。宗春の元気な頃のことが、『遊女濃安都《ゆめのあと》』という書物に残されています。それ以来、名古屋人の財布は固くなり、ケチになったという説もあります。いや堅実になったのでしょう。

戦後の名古屋の仏教信仰――寺院と墓地との分離――

戦災にあった名古屋の中心部の中区・東区・熱田区などの寺院は、境内に墓地がありません。これも名古屋の特徴ですが、戦後まもなく戦災復興事業によって道路の拡張や公園・学校の建設のために墓地を千種《ちくさ》区の平和公園にまとめました。戦災を受けた国道十九号伏見通りの両側の地域や白川公園・久屋通り・桜通り・錦通り・広小路通りなどは瓦礫《がれき》に埋もれたお寺や墓地が多くあり、戦災復興事業にはそれが障害でした。そのため名古屋市は寺院の墓地を移転して一カ所にまとめようとしました。その復興事業の中心になったのが、市助役の田淵寿郎《たぶちじゅろう》でした。しかし、仏教会側からは、「本堂と墓地との分離は寺院を運営するにあたり死活問題だ」として反対しました。ところが、墓地を公園化することに積極的に事業を推進した若い住職がいました。それは、曹洞宗・乾徳寺《けんとくじ》（中区新栄）十五世の高間宗道《たかまそうどう》（一九一四―八九）でした。当時の高間は三十二、三歳で、「いつまでも、寺院が墓の上にあぐらをかいて檀家からの布施を待っていてはダメだ。もっと布教に回り、寺院から積極的に仏教をもりたてねばダメだ」と主張し、市内各区の住職らに説いて回っていました。私の住職している法持寺も戦災に遭い、境内地は新制の中学校になってしまいました。土葬であった墓地から多くのお骨が出たそうで、少しだけお寺に分骨して祀り、あとは平和公園の墓地で祀られています。皆さん、先祖のお参りはどこへ行きますか。お寺ですか、それともお墓ですか。お寺に墓地がある方はお寺というかもしれませんが、名古屋のように別々でしたら、お寺より平和公園の墓地にお参りに行く方が多いです。したがって、経済的には寺院の運営に危機をもたらす事になりましたが、名古屋の発展の礎となったことは確かです。私は近代都市名古屋を築いた人の一人として、田淵寿郎はもちろんですが、高間宗道も功労者としてあげられるべき方と考えています。平和公園は名古屋仏教の特徴の一つです。

名古屋で祀られている仏舎利と涅槃銅像――日泰寺と徳源寺――

日本で唯一お釈迦さまのお骨（仏舎利《ぶっしゃり》）が祀られているのが、名古屋の覚王山日泰寺です。各宗派の管長が交代で住職になっており、超宗派の寺院であります。明治三十一年頃、インドで発見された仏舎利がシャム国（現在のタイ国）へ贈られ、その一部が日本にも贈られたのです。しかし、その仏舎利をどこで祀ろうかといろいろ検討されましたが、名古屋に決定されたのは同三十五年頃です。かつて名古屋駅は現在の笹島あたりにありました。そこから東側へ電車が走ることになり、日泰寺（当時、日暹寺と称す）まで電車が延びました。それが広小路通りです。つまり、日泰寺にお参りできる参道であったとも考えられます。同四十年頃、飯田道一《どういつ》が発願《ほつがん》して、銅鋳の丈六《じょうろく》（仏像を制作する際の基準的な大きさなどを示すもので、一丈六尺〔四メートル八五センチ〕の意で、坐像の場合はその半分となる）の涅槃《ねはん》像を造りました。初め、八事の興正寺に安置する予定でしたが、何らかの事情によって、徳源寺に安置されました。野ざらしの状態でしたが、同四十四年三月に涅槃堂の起工式が行われ、現在は境内にある涅槃堂に安置されています。飯田はインドの仏蹟を巡拝し、釈迦が亡くなられたインドのクシナガラで涅槃像を見て、涅槃銅像を造りました。日清戦争中には、荷車を引いて梅干を乞い歩き陸海軍に献納しています。そのため「梅干和尚」とも呼ばれていた人です。

徳源寺の銅鋳の涅槃像

　このように、名古屋には釈尊にまつわるものが二つあります。この仏舎利と涅槃銅像を、もっと知っていただきたく思います。そのため、河村市長に提言してみようと思っています。

名古屋で活躍した名僧のエピソード

名僧とは、世に名を馳せたお坊さんという意味ですが、それは、

（イ）多くの寺院を建立したり、多くの弟子を育成した人
（ロ）総本山や大本山の寺院の住職に就いた人
（ハ）仏教学や各宗派の宗学研究を行い著作や語録などを残した人
（ニ）武将や文人などと交流し地元の文化向上や地域の発展に尽くした人

などがあげられます。それに名古屋には、「三大学僧」といわれる人たちがいます。瑞岡珍牛《ずいこうちんぎゅう》（一七四三―一八二二）・豪潮律師《ごうちょう》（一七四九―一八三五）・黄泉無着《こうせんむじゃく》（一七七五―一八三八）の三人です。若い人は香煎《こうせん》を知らないと思いますが、ある時、一人の修行僧が黄泉無著に、「久しく黄泉と聞いているが、麦香煎か米香煎か」と、問いかけてきた。香煎とは大麦を焦《こ》がして挽《ひ》き、粉にしたもので、砂糖と混ぜ、湯をかけて食べるものです。その「香煎」と「黄泉」を掛けたものでしたが、黄泉無著は現在の南区呼続《よびつぎ》にある大きな酒屋の江崎家に安永四年（一七七五）に生まれました。先ほど紹介しましたように、当時尾張には、「一子出家すれば、九族天に生ず」という習慣がありました。その家から一人が出家すれば、自分を含めて先祖と曽孫に至るまで九代に

わたって功徳《くどく》があるというのです。黄泉は名古屋の白毫寺《びゃくごうじ》・大光院・万松寺に住持した後、長崎の晧台寺《こうたいじ》の住職にも就きました。長崎は幕府直轄地であり、晧台寺住持は当時の高僧が抜擢されました。黄泉は洋学を学び、尾張における洋学の祖ともいわれ、英語を話すことができたようでした。長崎の出島でオランダ人や中国人とも交流があり、白醤油を教えられました。今でいえば味醂《みりん》のことかと思いますが、その製法を聞き、生家の江崎家へ知らせました。そこで、江崎家は白醤油を調合して作り、売り出したところ大評判になり、商売が繁盛したということでした。これも名僧が生んだエピソードの一つかと思われます。

愛知県は宮重《みやしげ》大根や方領《ほうりょう》大根・守口大根など、大根の名産地であります。そのため名古屋は大根と僧侶が多く出た特産地ともいわれています。しかし、最近名古屋は魅力のない町というアンケート結果が出ましたが、それならば、新しい魅力のある所を見出せばいいのではないかと思います。それには仏教に関係するものを探ればよい。名古屋は仏教文化の町ですから。一例をあげるならば、「名古屋の釈尊を訪ねて」とか、「名古屋のブッダへの道」とかに題して、日泰寺と徳源寺の魅力をいっぱい知っていただく。さらにその他の仏教関係の史跡なども、どんどんアピールしていくのも方法かと思っています。

おわりに

私たちは年々老いていきますが、これは自然の摂理です。必ず誰もが亡くなります。キリスト教は誕生日を祝いますが、仏教は命日を大事にします。皆さんの命日はいつであるかまだわかりませんが、今日はこれからの人生の中で一番の若い日であります。明日より今日は一日若い日ですから、今日やるべきことは今日やらなければなりません。明日でしたら一日老いてしまいます。室町時代に活躍した一休さん（一休宗純《そうじゅん》　一三九四―一四八一　一休は道号、宗純は諱）はご存知の方も多いと思います。マンガやアニメでもとりあげられている「トンチの一休さん」です。京都の茶の湯で有名な大徳寺《だいとくじ》の住職もしていました。その一休さんが亡くなる前に弟子たちへ、一通の手紙を認《したた》めました。「今後、寺門の運営や難しい問題が生じた時、納めた箱から出してみよ」とのことでした。一休が亡くなって二、三年後に問題が起きました。そこで弟子たちは、一休の知恵を借りようとして手紙の入っている箱を開けると、ただの三句が書かれているだけでした。それは、「大丈夫、心配するな、何とかなる」でした。一休は問題への対応に改めて取り組むのでなく、ありのままに応じたならば何とかなっていく。その時、その時を一生懸命に打ち込んでいけば、それでよいと教えているのです。

最後となりましたが、私の恩師である元駒澤大学総長の田中良昭先生が法話でよくいわれていたことがありました。それは、「人間は二度死ぬ。一度目は体が死ぬこと。二度目は故人を知っている生きた人の心からなくなること。そのため法要は、その人を長く生かすことのできる機会である」というのです。まさにその通りで、人間の肉体が亡び、知人・縁者の心から故人がなくなったならば、その人は本当に亡くなってしまう。

曹洞宗では大本山永平寺《えいへいじ》を開いた道元禅師（一二〇〇―五三）と大本山總持寺《そうじじ》を開いた瑩山禅師《けいざん》（一二六八―一三二五）の法要を大遠忌《おんき》法要として五十年ごとに行っています。十五年ほど前の平成十四年には、永平寺で道元禅師の七百五十回大遠忌が行われました。もし禅師が御存命ならば、現在（平成二十八年）、七六三歳となられます。永平寺では、今なお禅師が生きていらっしゃるが如くお仕えし、お茶や粥《しゅく》・飯《はん》などをお供えしています。今日まで禅師の教えが継承されているのは、五十年ごとに行われてきた大遠忌法要のお陰ともいえます。田中先生のいわれた法要の教えは、亡くなられた先祖を思いだすことのできる絶好のチャンスであることをいわんとしたものでありました。いつまでも亡くなられた人に生きていてもらいたいものです。

今日は名古屋の仏教を寺院と名僧を中心にいろいろな角度からながめてきました。「仏教国名古屋」といわれる理由も考えてきましたが、話がとんで法話になったこともありました。資料をお持ちいただき、家で再考いただければ幸甚です。どうぞ、今日一日を大切に生き、「日々是好《にちにちこれこう》日《じつ》」であるようお体に気をつけてください。そして来年もこの仏教徒大会に元気な姿で参加いただければと思います。長い間ご清聴いただき、ありがとうございました。

※本講演は平成二十八年十月二十四日に東別院会館ホールで開かれた「第四十八回名古屋市仏教徒大会」（名古屋市仏教会主催）の講演要旨に加筆、訂正してまとめたものです。

3　宗春公が来た！　興正寺の一日

——宝暦十三年（一七六三）九月二日——　（講演）

はじめに

今日は、今から二五〇年ほど前の宝暦十三年（一七六三）九月二日に八事《やごと》山興正寺《こうしょうじ》（名古屋市昭和区八事本町）へ参詣に来た、前尾張藩第七代藩主であった徳川宗春《むねはる》公の一日を紹介してみたいと思います。NHK大河ドラマの「麒麟が来る」にあやかって「宗春公が来た！」としましたが、興正寺へ来るまでもそれ以後も、いろいろと不明な点が多いことから、それを明らかにすることにロマンを感じます。そのロマンに浸りながら、いろいろな想像もしながら宗春公（以後、敬称略）の一日を眺めていきたいと思います。

さて、今般、興正寺での宗春について講演の依頼がありましたが、それは私が平成六年に愛知学院大学の『禅研究所研究紀要』第二二号で発表しました「諦忍《たいにん》律師と徳川宗春」の論文を見られて講演できると思われたのでしょう。しかし、今から約三十年前に書いたものですから、だいぶ忘れており、できるかどうか不安に思いながらお引き受けした次第です。

そこで、今一度拙稿を読み返し、私の調査以後に興正寺で確認できた資料はないかと思い調べてみますと、平成二十年に中京大学教授の阿部秀樹氏が、私の調査した八事文庫に所蔵する文書の中から「前中納言様御参詣留」（以下、「御参詣留」と略称）を見出し、『江戸時代の八事山興正寺――八事文庫文書にみる尾張高野の歩み――』（勁草書房、平成二十年三月）の一四四頁で翻刻されました。この文書は興正寺の知事役であり、宗春が参詣した時の興正寺側の担当者であった卓然という弟子がメモしたものでした。そのため最も身近にいた人のメモですから信頼できるものです。私の整理した『尾張高野八事文庫文書目録』（第一書房、平成五年四月）の文書番号二四に分類されており、目録には「堂舎書上の扣《ひかえ》」のタイトルで「前中納言様御参詣留」の題はあげていませんでした。なぜかといいますと、文書二四は、興正寺の建物の御堂の「書き上げ」や御堂の「覚」の扣など数種の覚書と合併してあったため、私は「など」と記し、詳細なタイトルを省略してしまったのです。今思えば大ミスでした。多くの文書が合併して綴られたものは、このように「など」としてしまったのです。したがって、まだ他にもこのようなケースがあるかもしれません。「ミス」を見つけてくださった阿部先生に、改めて感謝を申し上げたいと思います。将来、若き研究者が私の「ミス」を活用（？）して新たな研究のきっかけとなれば幸いなことです。

興正寺

　そこで私は、以前研究した興正寺の二種の「由緒書」と「御参詣留」を比較しながら、新しい宗春の行動などを明らかにしようと思い、三十年ぶりに再度、諦忍律師と宗春の研究を始め、この講演の準備にとりかかったのです。二つの「由緒書」を利用して執筆しました論文は、当時、宗春の新しい情報が出たということで話題になり、皆さんに喜んでいただきました。二種の「由緒書」は成立年次や筆者は明らかになりませんが、文化十五年（一八一八）二月十八日に八世英旭謙光《えいぎょくけんこう》が住職に就くことを記しているところから、早くても文化十五年二月以降の時期に成立したものであります。

徳川宗春と興正寺

さて、徳川宗春は皆さんよくご存知かと思いますが、尾張藩第七代藩主です。父は第三代藩主徳川綱誠《つななり》で、その第二十子です。母は側室の梅津の方（宣揚院《せんよういん》）です。享保《きょうほう》十四年（一七二九）に陸奥《むつ》国梁川《やながわ》藩主となるも、兄・継友《つぐとも》の急逝により尾張藩主となりました。藩主となった宗春は、従来の因襲などを打破し、『温知政要《おんちせいよう》』を著わして自らの政治理念や施政方針を二十一カ条にまとめて説きました。藩主であった享保十五年（一七三〇）十一月から元文四年（一七三九）正月までの約八年間は、積極的に藩政改革を行い、倹約令などの幕府の意向にとらわれない自由奔放な政治が行われました。遊廓の開設や芝居小屋の増設、その他にも祭礼を華美にしたり、芸能を奨励したことは注目すべきことで、これらを軸として尾張はめざましい発展を遂げました。しかし、幕府の追及は厳しくなり、しかもそこに財政破綻が加わり、ついに元文四年正月に第八代将軍徳川吉宗より蟄居謹慎《ちっきょきんしん》を命ぜられ失脚したのです。その時代について、『遊女濃安都《ゆめのあと》』と題する記録があります。まさに尾張が大繁盛の時が記されており、夢のような時であったからです。

宗春が参詣した神社仏閣を見ますと、建中寺・定光寺・熱田社・七ツ寺・若宮八幡などで、興正寺についてはまったく何も記載されていません。また、当時第五世住職であった諦忍との交流も記されていません。

諦忍と宗春

諦忍は、戒律学を中心に禅・密教・浄土の興隆に尽くし、『念仏無上醍醐編』『念仏醍醐秘要蔵』『律苑行事問弁』『大光普照集』『放生指南車』『盂供施餓鬼問弁』『天狗名義考』『無住国師道跡考』など多くの著作を出し、尾張を代表する学僧の一人であります。諦忍は諱《いみな》を妙龍《みょうりゅう》といい、「空華子《くうげし》」と号しました。美濃加茂郡山上村の出身で、父は仙石忠続、母は同国兼山の磯谷氏の女で、宝永二年（一七〇五）六月二十二日の生まれです。正徳元年（一七一一）五月に兼山の神照寺《じんしょうじ》の檀道圓極《だんどうえんごく》の弟子となり、同三年（一七一三）六月に得度しています。その後、同国の諸寺を巡って講義を聴き、同六年（一七一六）八月には興正寺二世の忍海點阿《にんかいてんあ》の法を嗣ぎました。
さらに、諸方へ高徳を尋ねて経典やその注釈書などを学び、享保十九年（一七三四）五月に三十歳で興正寺五世の席を継ぎました。専ら律学を興し、『浄土三部経』や『往生要集』を講じたり、尾張の一般民衆に菩薩戒を授けています。

諦忍は律学を中心に真言と浄土を兼学しており、「南無阿弥陀仏」の六字名号《みょうごう》は六字の陀羅尼《だらに》で、その陀羅尼は秘密瑜伽《ゆが》の無上醍醐味であるとする秘密念仏を説いています。要するに、真言の教義に弥陀念仏の法門を融合させ、浄土顕密の教えとした秘密念仏醍醐説を論じたのでした。また、宗派を問わずに真言・浄土・禅者などと交流しており、仏教学のみならず神代文字の研究も行い、他の学僧の著作の序文や跋文《ばつぶん》も記し、校訂なども行っています。仏教者として特に著しい行動は神社に数多く参詣しており、伊勢神宮をはじめ、春日大社・北野社・鶴岡八幡宮・津島神社などがあります。『牛頭天王《ごずてんのう》実録』や『以呂波問弁《いろはもんべん》』『神国神字弁論』を諦忍が著わした背景には、このような点があったからとも考えられます。

興正寺は東西の二山に分かれ、東山を遍照院《へんしょういん》、西山を普門院《ふもんいん》と号し、五万五〇〇〇坪の境内です。無本寺《むほんじ》でありましたが、明治六年の政府の通達によって高野山真言宗に属し、金剛峯寺の末寺になりました。貞享三年（一六八六）に天瑞円照《てんずいえんしょう》が高野山より来て草庵を結び、同五年（一六八八）九月に尾張藩第二代藩主徳川光友によって諸堂宇が建立され開かれた律宗寺院です。開山を弘法大師の空海とし、天瑞は中興となりました。律寺として同年十一月に東山の地を、元禄二年（一六八九）十二月には西山の地を賜わっています。なお、八事文庫文書一三七の「覚《おぼえ》」によれば、同年六月二十一日に三代藩主の徳川綱誠《つななり》が参詣しており、開山の天瑞と対談しています。同九年（一六九六）十一月には光友が大日如来銅像を寄進しており、翌年四月に開眼供養《かいげんくよう》を行っています。同十一年（一六九八）には、綱誠が三千仏や釈迦三尊・十六羅漢・両界曼荼羅などの掛軸を寄進しており、同十四年（一七〇一）には四代吉通《よしみち》が大日拝堂を建立しています。享保二年（一七一七）には六代継友が能満堂を建てるなど、興正寺は建中寺とは別の藩主祈願所という性格を持つ寺院になりました。

このように宗春の祖父にあたる光友により建立されて以来、父の綱誠も参詣しており、母の宣揚院は宗春が蟄居謹慎する元文四年（一七三九）正月以前から興正寺へ御紋附戸帳や幡・浄土曼荼羅を寄進するなど、祖父・父・母と縁の深い寺院であります。そのため、祖父・父の位牌はもちろんのこと、母の位牌も祀られています。しかし、不思議なことに宗春が蟄居謹慎する以前に興正寺へ参詣したかの資料はなく、藩主在任中は参詣していなかったようであります。

謹慎後の宗春と興正寺参詣

宗春は元文四年（一七三九）一月十三日に蟄居謹慎を申し渡され、江戸の尾張藩中屋敷で謹慎生活を送ることになり、同年九月二十二日に江戸を出発して十月三日に名古屋へ入りました。東海道を通らず、木曽路を通っての名古屋入りでした。道中では幕府の達しにより民衆が宗春を出迎えることは許されず、帰国した宗春は三の丸の東大手門の西南にある屋敷に幽閉され、十五年後の宝暦四年（一七五四）十月十一日に御下屋敷《おしたやしき》へ移されました。この引き移しの時、『広本遊女濃安都』の付録には、

一、宝暦四年戌十月十一日、御隠居様御下屋敷へ御引移、夜に入、五ッ頃、京町筋萱屋町へ、御懸り被レ為レ入候。右御道筋御入之節、白張挑灯灯し申候。辻々へ町方より御足軽罷出人留、町々拝見不二罷成一云々。

とあり、宗春の行列は「五ッ頃」（午後八時）に出発し、道筋では葬式で用いる白張挑灯を灯して迎えており、葬送に似ていたようでした。御下屋敷は藩主時代に改装し、その披露に町民を集めて盆踊り大会を行ったり、屋敷内の北側には薬草園を創設して、徳川吉宗から拝領した朝鮮人参を育てて領民に配布していました。このように宗春にとって思い出の深い場所でした。

蟄居謹慎後は外出も許されず、寛保三年（一七四三）九月二日に生母（宣揚院）が亡くなった時も葬儀への出席や墓参りも許されませんでした。また、宝暦元年（一七五一）に吉宗が死去した後も宗春の謹慎は解かれず、同十年（一七六〇）四月に宗春は諦忍へ七日間の土砂加持法による現世と来世の滅罪の祈願を依頼しています。ちょうど近衛家の内室となった宗春の長女・頼姫《よりひめ》が病となり、その回復も願っていたのではないでしょうか。しかし、残念ながら頼姫は十月二十

日に死去しています。宗春はこの祈願のお礼として自筆の「八事山」とそれを額に仕立てる金子《きんす》も添えて寄進しており、諦忍はそれを模写して額に仕立て、九月五日に西山の弥陀堂に掲げました。

謹慎してから二十二年後の宝暦十一年（一七六一）四月十日には、父母の御墳墓と御霊前へ年回法要と祥月命日に参詣することが許されました。これは名古屋市蓬左文庫に所蔵する尾張徳川家の「御系譜」の「宗春卿」の伝記に、

一、同十一巳四月十日、松平右近将監殿宅江御家老御呼出相成、御両親様之御墳墓御霊前江御年回幷御祥月、御参詣之御儀、殿様御願之通相済。

と記されており、老中の松平武元《たけちか》の屋敷へ尾張藩の家老（成瀬正泰《なるせまさとも》か竹腰勝起《たけのこしかつおき》）が呼び出され、願いが許されています。そこで、父・綱誠の命日の六月五日と母・宣揚院の命日の九月二日に建中寺へ参拝しています。しかし、参拝の外出は許可されたものの謹慎処分は解かれていません。許されたのは宗春没後七十五年のことで、謹慎を命ぜられてから一〇〇年以上経った天保十年（一八三九）十月でした。

宝暦十二年（一七六二）六月には、宗春が興正寺へ手植えの蓮の花一瓶と南京焼の蓋の物入れに氷砂糖一鉢を贈っています。これは父の命日の供養のため、興正寺に祀ってある御霊牌にお供えしたのでしょう。諦忍は御礼として西瓜と自作の詩歌を献上しています。

翌十三年（一七六三）九月二日には興正寺へ参詣しています。それは母の命日だったからで、参拝の外出が許されて、六回目のチャンスでありました。三十年前の私の研究では興正寺へ直接参詣したものと紹介していました。つまり、興正寺への参詣も幕府から許されたものと思っていたからです。しかし、まだ外出は建中寺の両親のお墓とお位牌へ年回法要や祥月命日に参詣することしか許されていなかった時でした。「御参詣留」における準備の様子に、

一、八月廿六日に稲葉氏より卓然に参り呉候様に申来候、即刻参り候処、先之御内意候、前中納言様建中寺へ九月二日御参詣に付、其山へ御立寄被遊候筈、就夫、明廿七日、七蔵・御作事手代等、其山へ見分に被参候筈、為其先之御内意に申候、此皆方丈ぇ申達候

とあり、宗春が建中寺へ参詣の折、「其山」（興正寺）へ立ち寄りたいとの希望があるところから、八月二十七日に稲葉七蔵らが下見に来るとのことでありました。これによって宗春側は、興正寺にも両親の御霊牌が祀られているところから、建中寺参りの一連とみなして、興正寺に立ち寄ったものと解釈したのでしょう。準備をしていることから考えれば、興正寺参詣も許されたように思われますが、幕府の許しはまだなかったのです。当日は、

一、九月二日天気宜、朝六ツ過頃に御先番御小納戸横山三左衛門殿、奥御番江原瀬左衛門殿、御小姓大塩波右衛門殿、御小納戸詰、都合五人被参候て、見分引合等三左衛門《横山氏》殿、御初穂《卓然》受取申候

一、御前は建中寺より当日四ッ時頃前に被為入、本堂より御上り御供、御表殿様之通、騎馬御目付壱人、五十人御目付壱人、五拾人衆三十七人、御側衆、御医師壱人、都合上分廿五人

とあるように、天気が良く、早朝の六ッ時（午前六時）過ぎには先発隊として御納戸《おなんど》の横山三左衛門、奥御番《おくごばん》の江原瀬左衛門、御小姓の大塩波右衛門、御納戸詰ら五人が来ており、興正寺側と打ち合わせを行っています。「御参詣留」によれば、その時に御初穂料《おはつほりよう》（御備物《おそなえもの》）を納めており、興正寺側は卓然が受け取っています。その明細は「由緒書」など三資料とも、最後にその目録があげられています。

宗春は建中寺参詣後の「四ッ時頃」（午前十時頃）前に興正寺へ到着しており、一行は騎馬御目付衆、五十人目付衆一人、その他に五十人衆、御側衆、医師一人など総勢二十五人のお供でありました。

九月二日の参詣

では、どのようなコースで興正寺へ来たのでしょうか。【地図二】をご覧ください。まず、建中寺へ行くため御下屋敷の南御庭にある駿河《するが》御門より出て、御下屋敷の南側を通り水筒先筋を北へ進んだのか、あるいは御下屋敷の西側に沿って北へ行き、矢来御門筋を東へ、さらにそこから

出典　名古屋市博物館「幕末城下町復元マップ」

出典　名古屋市都市計画基本図

【地図一】御下屋敷・建中寺より興正寺へのコース

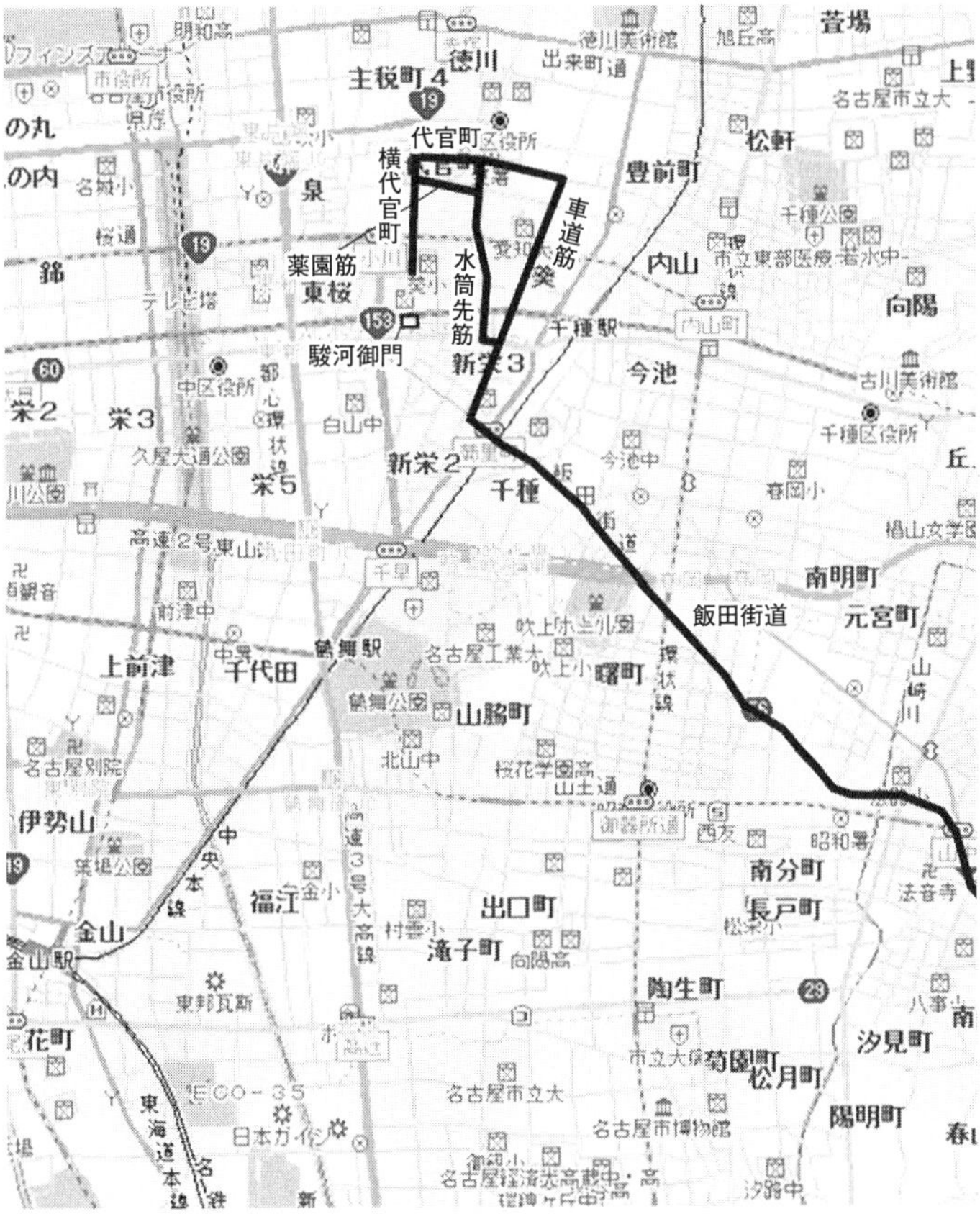
代官町
横代官町
薬園筋
水筒先筋
車道筋
駿河御門
飯田街道
主税町4
徳川
泉
東桜
新栄3
新栄2
千種
今池
豊前町
内山
松軒
向陽
錦
栄2
栄3
栄5
上前津
千代田
山脇町
曙町
南明町
元宮町
伊勢山
福江
出口町
滝子町
南分町
長戸町
陶生町
汐見町
菊園町
松月町
陽明町
金山
花町

横代官町を北へ行き途中の薬園筋か代官町筋を東へ進んで建中寺へ行ったのか、どのコースを通ったかは明らかではありません。また、別の門から出たのかもしれません。これらのコースについては、今後の研究に俟ちたいと思います。

建中寺から興正寺までは御下屋敷の東側の水筒先筋を下って駿河街道（明治九年より飯田街道とも呼ばれる）へ出たのか、それとも建中寺の東側の車道筋を下って街道へ出たのかわかりません。あるいは御下屋敷から建中寺へ行った道を戻ったのでしょうか。いろいろ想像できますが不詳であります。駿河街道へ出れば、あとは古井《こい》・川名・山中・杁中《いりなか》・八事の道順で進み、約六・五キロの距離です。ちょうど本講演の会場である昭和文化小劇場の南側の道を通ったのです。静かにすると、宗春一行の話し声が聞こえてくるようです。

現代人の歩く速度は時速四キロといわれています。そうすると、建中寺から興正寺まで約一時間四十分かかることになります。しかし、二十五名の一行のため、約二時間から二時間十五分ほどかかったのではないでしょうか。興正寺には「四ッ時頃」（午前十時頃）前に着いていることから、午前七時半から八時頃には建中寺の参詣を終え、出発していたと考えられます。そして興正寺の東山門の黒門を通り、不動坂を上って東山の方丈へ着いたのです。

【図二】をご覧ください。興正寺は東山と西山があり、東山は律院として僧の「修行地」、そのため「女人禁制」です。それに対し西山は、一般庶民の願いを叶えるための仏・菩薩を祀る「参詣地」でした。

「御参詣留」にはお供らの休憩所が配置されています。その中で御馬について記されています。御馬は通ってきた所の浴場（風呂場）を休憩所としており、宗春が今後も御成《おな》り（参詣）に来る場合のために馬屋を用意しておくようにとの達しも出ています。御馬というところから、おそらく宗春は道中を馬に乗ってきたかと思われ、東山の方丈あたりまで乗っていたのではないでしょうか。しかし、一般的に考えるならば、駕籠《かご》に乗ってきたのではないでしょうか。詳しいことは明らかでありません。それは東山門から不動坂を通って方丈までの道は登り坂であり、実際に私も歩いてみましたが、かなり険しいからです。そのため、宗春は方丈まで乗り物で来たように思えます。そして、方丈で手を洗って清めた後、両親の御位牌に拝礼し、興正寺五世住職の諦忍と初めて対面し、懇《ねんご》ろに挨拶しています。

昼食と昼食後の参詣

昼食には興正寺より三汁七菜の御膳が出ました。このお膳は前日の九月一日に長持に入れて御下屋敷より興正寺へ運ばれたものです。献立の内容はわかりませんが、律寺で出す食事のため精進料理であったことは確かです。食べる時間も「非時食戒《ひじじきかい》」といって、律宗では午前十二時より

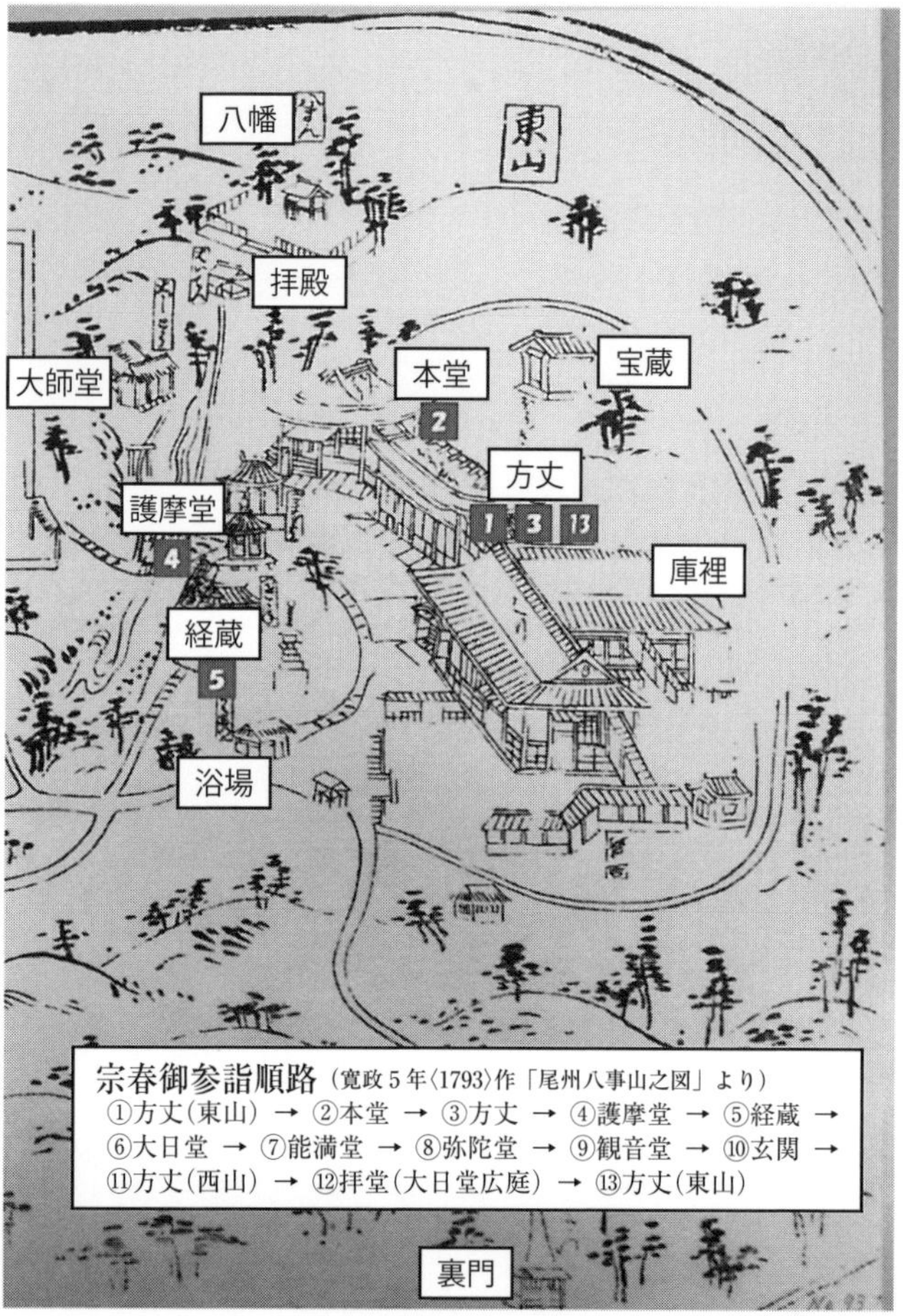
東山
八幡
拝殿
大師堂
本堂
宝蔵
2
方丈
1 3 13
護摩堂
4
庫裡
経蔵
5
浴場
宗春御参詣順路（寛政5年〈1793〉作「尾州八事山之図」より）
①方丈(東山) → ②本堂 → ③方丈 → ④護摩堂 → ⑤経蔵 →
⑥大日堂 → ⑦能満堂 → ⑧弥陀堂 → ⑨観音堂 → ⑩玄関 →
⑪方丈(西山) → ⑫拝堂(大日堂広庭) → ⑬方丈(東山)
裏門

【図一】宗春参詣順路

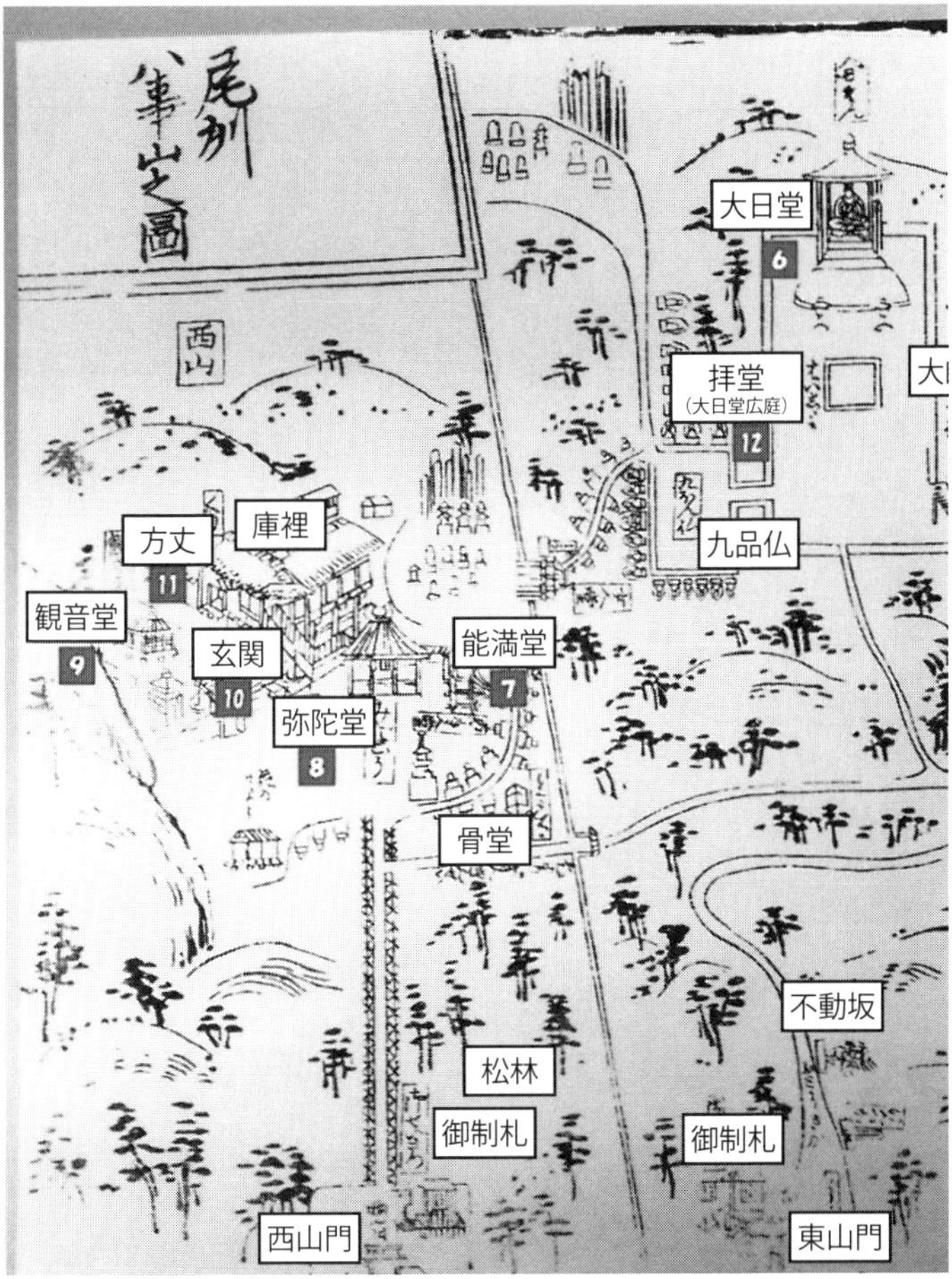
尾州八事山之圖
西山
大日堂
6
拝堂
(大日堂広庭)
12
庫裡
方丈
11
九品仏
観音堂
9
玄関
10
能満堂
7
弥陀堂
8
骨堂
不動坂
松林
御制札
御制札
西山門
東山門

以後は食事ができない戒律があるところから十二時以前であったはずです。また、食事の後、引菓子として山内でとれた栗を茹でたもの一鉢、梨子一鉢、御所柿一鉢を小さい重箱に入れて献上されています。また、御下屋敷へのおみやげとして大饅頭一折、髭籠《ひげこ》に入れた御所柿一籠、それに諦忍よりあかざの茎で作った杖一本も献上されています。この杖はこれからの参詣に使ってもらうために出されたのではないでしょうか。諦忍の宗春への思いやりを感じるものであります。

昼食後、宗春は諦忍と親しく話をし、法話を聴いています。その後のことは資料により異なっています。「御参詣留」には御十念を受けたとあり、「由緒書」（八事文庫文書三四・一二八）では十念と真言を受け、「什物帳」（八事文庫文書九三）には光明真言と御十念を受けたとあります。十念と真言の順序が反対になっています。さらに「覚」（八事文庫文書一三七）には諦忍より三帰《さんき》、十念を受けて法話を聴いたとあります。

先にあげた「由緒書」（八事文庫文書一二八）によれば、宗春は諦忍と対面の際、自身の敷物（座布団）を取り、足を楽にして話をしています。それに加え、十念・真言などを受けるときは、席を下って、諦忍に三拝しています。これらの資料から考えますと、宗春は諦忍に三帰・三竟《さんきよう》を受けてから、十念・光明真言を受けたものと思われるのです。

三帰とは三帰依文《さんきえもん》のことで、「弟子某甲《むこう》　尽未来際　帰依仏　帰依法　帰依僧」と三回唱えます。仏法僧の三宝、すなわち仏陀と仏陀の説かれた教え、仏陀の教えを守り伝えて実践する僧に

出版案内

法藏館

【好評一般図書・2022年7月末現在】

文庫最新刊

ラジオの戦争責任

坂本慎一著　990円

戦前最強の「扇動者」、ラジオ。その歴史を五人の人物伝によって紐解き、国民が戦争を支持するに至った「日本特有の事情」を炙り出す。

明治維新と宗教

羽賀祥二著　1980円

日本近代の「神道」、その特質とは？　近代仏教までを含んだ広い視野から考察し、「国家神道」に止まらない近代「神道」の姿を描く。

劉裕——江南の英雄 宋の武帝

吉川忠夫著　1100円

微賤の武人・劉裕はその行動力と現実主義とによって皇帝となったが、即位後その生彩に翳りが—。南朝の権力機構の本質を明らかにする好著。

祭祀と供犠

—— 日本人の自然観・動物観

中村生雄著
赤坂憲雄解説　1650円

動物を「神への捧げもの」とする西洋の供犠と対比し日本の供養文化を論じ、殺生・肉食禁止と宗教の関わりに光を当てた名著が文庫化。

一遍語録を読む

金井清光、梅谷繁樹著
長澤昌幸解説　1320円

一切を捨てた「捨聖」一遍。その思想的背景と生涯を法語から読み解く一方、巻末では一遍の和讃である「別願和讃」を詳細に解説する。

このページ掲載の書籍のためし読みはこちら ▶▶▶

菅原　潤著
梅原猛と仏教の思想
1980円

山口瑞穂著
近現代日本とエホバの証人
その歴史的展開
3300円

磯前順一・吉村智博・浅居明彦監修
差別の構造と国民国家
宗教と公共性
【シリーズ宗教と差別1】 3080円

古荘匡義著
綱島梁川の宗教哲学と実践
【龍谷大学国際社会文化研究所叢書31】 1980円

プラダン・ゴウランガ・チャラン著
世界文学としての方丈記
【日文研叢書60】 3850円

滝沢克己著
新装版 **哲学は何のためにあるか**
1980円

蜂屋邦夫著

中国の水の思想
2200円

中国の水の物語
神話と歴史
1540円

『一遍上人縁起絵』現代語訳研究会編
現代語訳
一遍上人縁起絵 全十巻
2750円

『他阿上人法語』現代語訳研究会編
現代語訳 **他阿上人法語**
3850円

天台真盛宗宗学研究所編、寺井良宣編集代表
建保版『往生要集』翻刻と訳註
9900円

矢崎長潤著
チャンドラゴーミン研究序説
6600円

新刊

日本仏教史研究叢書

釈雲照と戒律の近代

亀山光明著　　3850円

日本史上最後とされる戒律復興運動を展開した近代初期の真言宗僧・釈雲照。その事績を再検証し、近代仏教史上における意義を問い直す。

ためし読み

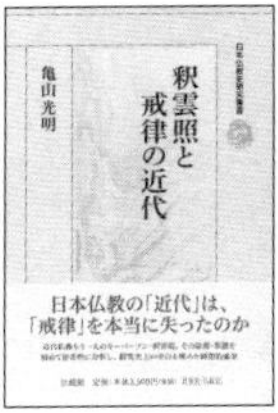

東アジア宗教のかたち

―― 比較宗教社会学への招待

櫻井義秀著　　2750円

タイ、中国、チベット、台湾、香港、韓国、日本において近代化以降に変容展開した伝統宗教・新宗教を、現地調査を踏まえ俯瞰する。

ためし読み

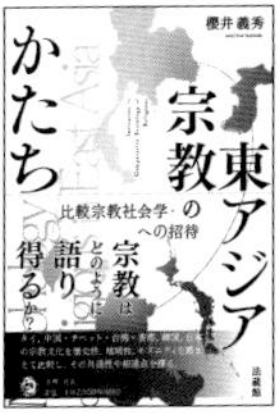

明治維新と神代三陵

―― 廃仏毀釈・薩摩藩・国家神道

窪　壮一朗著　　1870円

明治政府はなぜ「神」の墓＝神代三陵を定めたのか。近代宗教行政史を薩摩藩から読み解き、神話が現実化していく過程を明らかにする。

ためし読み

帰依することです。続いて三竟を受けます。

次に南無阿弥陀仏の名号《みょうごう》を十遍唱えることによって、阿弥陀仏の極楽浄土に往生できる十念を唱えます。さらに大日如来の真言である光明真言（唵《おん》　阿暮伽《あぼぎゃ》　廃嚕者娜《べいろしゃのう》　摩訶畝捺囉《まかぼだら》　麼抳鉢頭《まにはんど》麼《ま》　入縛攞《じんばら》　跛囉韈利《はらばり》　哆野《たや》　吽《うん》）を唱えれば、仏の光明を得て諸《もろもろ》の罪報を除くことができる秘密念仏（真言念仏）の教えを受けるのです。その際、宗春は席から下って三拝しています。その後、法要の式次第で世話をしてくれた知事の卓然と慈眼にお礼の言葉をかけています。

こうして落ちついたところで、宗春が「御たばこを用いさせられても苦しからさるや」と尋ねると、諦忍は「先年、光友公も御参詣の折には召し上がられたのでどうぞ」と返答し、宗春は「たばこ」を吸い、ご満悦の様子でありました。宗春がたばこを吸うことは、『遊女濃安都』に「五尺計の御煙筒御持奥御茶道衆其先かつぐ」といって、長い煙管《きせる》（約一・五メートル）を持たせていたところからも明らかであります。それは「傾城夫恋桜《けいせいつまこいざくら》」の歌舞伎の一場面で、宗春に扮した役者の出で立ちで明らかになります。

次に参詣の際の装束を見ますと、宗春もお供も「熨斗目《のしめ》で麻の上下《かみしも》」の礼装でありました。これは昼食後にお召し替えられたのでしょうか。それとも建中寺にも参拝しているところから、建中寺より「熨斗目で麻の上下」の礼装であったのでしょうか。となると、道中の街道筋も「熨斗目で麻の上下」になります。しかし、西山での参拝を終えて東山へ戻る時にお召し替えられているところから、昼食後に東山の方丈で熨斗目で麻の上下にお召し替えられて参詣したのではないでしょうか。

参詣したところは、東山の④護摩堂、⑤経蔵、⑥大日堂。続いて、西山の⑦能満堂（虚空蔵《こくうぞう》堂）、⑧弥陀堂で、弥陀堂ではおそらく正面に掲げてある自分が揮毫《きごう》した山号額を見たことでしょう。そのことについてのコメントは一切なされていませんが、宗春は山号額を見て内心喜んでいたものと想像できます。弥陀堂では光友より寄進された唐画釈尊説法の大曼荼羅と、母の宣揚院より寄進された浄土曼荼羅が左右に掛けられており、諦忍がその説明をしています。それには宗春は大変喜んでいたようです。次に、⑨観音堂へ参詣し、⑩玄関では興正寺の衆僧に言葉をかけています。そして西山の⑪方丈で休息し、お茶やお菓子をとっています。なお、御側衆も同じようにお茶などをいただいています。

その後、ここで宗春とお供は服を着替えて東山へ帰っています。したがって、東山と西山の諸堂参詣の間だけは「熨斗目で麻の上下」の礼装であったと考えられます。東山へ戻る途中には、西山の松林で松茸を見て喜び、それを取らせて御殿へ持ち帰っています。参詣した九月二日は旧暦（陰暦）であるため、現在の新暦に換算してみますと十月八日となります。したがって、松茸も多く出ていた頃で、山内にある栗や柿・梨も旬であったと思われます。また、⑫大日堂の前の広庭で少し休み、光友によって建立されたことなどを尋ねましたが、それについては知事の卓然が答えています。その後、東山の⑬方丈へ帰りました。

方丈では小休止した後、御茶漬を食べています。そのメニューは、菜飯・田楽・冬瓜《とうがん》の葛かけで、菜飯のお茶漬けと思われます。今時の三時のおやつともいえます。こうして興正寺で一日を過ごした宗春は、出発の時間が近づくと、広間の北に着座して見送る諦忍に挨拶して帰途につきました。帰り道は行きのコースの反対で、駿河街道を通って御下屋敷へ戻ったと思われます。

翌九月三日と御備物

翌三日には、諦忍が卓然を稲葉・横山両氏のもとへ遣わして宗春の御機嫌を伺っています。また、二日に諸堂へ参詣した時の御初穂料（御備物）は、父の泰心院（徳川綱誠）の御霊前に白銀《はくぎん》三枚、母の宣揚院の御霊前に白銀二枚、大日尊へ金三〇〇疋《ひき》、護摩堂・能満堂（虚空蔵堂）・弥陀堂・観音堂へ各金二〇〇疋宛、それに西山弥陀堂の畳料として金五両、知事の卓然と慈眼へ各金二〇〇疋宛、興正寺の弟子の証運・聞性・戒岩・教順・恵範・真龍・恵明の七人へ金一〇〇疋宛を供養されています。二種の「由緒書」には記されていませんが、「御参詣留」によれば、方丈（諦忍）への御土産として菓子と昆布百枚、さらに白銀五枚、晒《さらし》二疋が御備物とされています。

参詣前の下準備

さて、話の順序が反対になりましたが、宗春が参詣する前に興正寺ではかなりの下準備を行いました。「由緒書」（八事文庫文書一二八）によれば、宗春御付の稲葉七蔵が取り持っており、八月二十五日付の稲葉の手紙には、二十七日に下見のため御作事手代衆が興正寺へ参上するとのことでした。寺社方吟味役の小出半四郎より興正寺へ二十七日早朝に届いた手紙には、稲葉氏自身が下見に来るとの申し出でありました。しかし、「御参詣留」では八月二十六日に稲葉氏より興正寺の知事の卓然に御下屋敷へ参上するようにとのことで、即刻、卓然が参上しています。このように、稲葉氏の下見の連絡が資料によって手紙、あるいは参上することとなっています。内容は宗春が建中寺へ九月二日に参詣するにあたって「其山」、すなわち八事山興正寺へも立ち寄りたいとのことでした。そのため翌二十七日に、稲葉氏と御作事手代衆二人、御勘定方の手代一人、御押一人、大工一人らが来て下見をしています。なお、「御参詣留」によれば、興正寺は下見に来た宗春の家臣たちに、一汁二菜の昼食を出すサービスをしているのです。

翌二十八日は雨天であったため、夜半の〇時ごろに御作事方より手代衆と大工肝煎一人、日傭頭一人、その他の大工、畳張付師、左官などの職人が来て興正寺に宿泊し、九月二日朝までかかって完成させました。修理したところは「御参詣留」によれば、本堂の二十六畳、方丈・御座敷の十畳、唐紙八本、袋桁坐付紙二本の上塗り、廊下の柿葺《こけら》き取指、本堂廊下の下板取替、太鼓廊下、窓などの貼り替えを行っているのです。それこそ「御参詣留」の見せ消ちによれば、本堂と方丈の障子は残らず替えたようであり、四、五日間の突貫工事のリフォームであったことがわかります。なお、御厠は御作事方で作られて持ち込まれており、御参詣後には持ち帰っています。すなわち、宗春専用の御厠が用意されたのでした。九月一日には御膳などを入れた長持三釣が興正寺へ運ばれています。このような下準備が尾張藩によって行われていたからこそ、宗春の参詣が無事に行われたのです。

おわりに

以上見てきたように、宗春は午前十時頃に興正寺へ到着し、昼食・聞法・諸堂の参詣・軽食など、午後三時頃までの約五時間を興正寺で過ごしました。寺側も手厚くもてなしており、宗春にとっては心なごむ一日であったことでしょう。屋敷に帰った後も、日課として十念と光明真言を唱えており、晩年の宗春は諦忍より心の安らぎを得たのでしょう。そして同月二十一日には側室の御女中方（阿薫《おくん》・左近・おはる）も興正寺へ参詣しており、諦忍に十念を受けています。

宗春は翌明和元年（一七六四）十月八日に六十九歳で亡くなりました。興正寺には宗春や宣揚院・宝泉院（阿薫）から寄進された品が寺宝として残っており、機会のあるごとに一般公開され、宗春を偲んでいます。

今日は、宗春が来た興正寺での一日を眺めてみました。宗春の素顔の一面を見ることができ、ますます宗春にロマンを感じました。それではこのあたりで講演を終わりたいと思います。長い間のご清聴をいただき、ありがとうございました。

※本講演は令和二年十二月十二日に昭和文化小劇場で開かれた「令和二年度昭和区歴史と文化の交流会宗春公の人物像に迫る」（昭和区役所主催）の講演要旨に加筆、訂正してまとめたものです。なお、拙稿「諦忍律師と徳川宗春」再考」（『愛知学院大学教養部紀要』第六八巻第一・二・三合併号、二〇二一年）には、本講演の内容をより詳細に記載しております。併せてご参照くだされば、幸いです。

4　節目の年に

六十歳の初心を忘るべからず

私は昭和二十三年三月生まれで、満六十歳の還暦である。戦後のベビーブームで誕生した団塊の世代である。

先人は節目の年齢の人生観を説く。孔子は『論語』で、

吾れ十有五にして学に志す。三十にして立つ。四十にして惑わず。五十にして天命を知る。六十にして耳順《したが》う。七十にして心の欲する所に従って矩《のり》を踰《こ》えず。

という。これは数え年七十四で亡くなった孔子が、晩年に自分の一生の経歴を振り返った自叙伝である。六十歳の孔子は、「六十にして耳順う」という。六十歳にして人の言葉を素直に聞ける寛容性が身についたというのである。

現代は寿命も延びているところから、六十歳は孔子の「四十にして惑わず」の不惑《ふわく》の年齢といってもよいと瀬戸内寂聴氏はいう（『大切な人へ』光文社）。やっとあれこれと惑わない年齢になったのであろうか。はたして私は不惑か耳順《じじゅん》かどちらであろうか。まだまだ、「我」が出て惑っており、人の意見を聞かない頑固なおやじかもしれない。

心理学者の多湖輝《たごあきら》氏は、その著書『新六十歳からの行き方』（ゴマブックス株式会社）で、六十

歳の定年退職により、会社・肩書き・人・情報・家族・健康などの別れがある。しかし、それを新たな出会いと考えて六十代を生きることを提案している。

私は大学の定年までに、まだ約十年ある。六十歳を迎えるからといって休んではいられない。あいかわらず大学教員と住職の二足の草鞋《わらじ》を履くが、研究・教育は最も成熟した時期を迎える。今まで以上に、大いに頑張らなければならない十年と思っている。

改めて仙厓義梵《せんがいぎぼん》の「老人六歌仙」を見ると、自分のことをいわれているような気がする。手が震えたり、足がよろめいたり、歯が抜けたり、細かな字が見えにくくなった。また気が短くなり、すぐ怒る。よく愚痴もいう。出しゃばって世話も焼く。聞きたがって話したがる。私は確実にその域に入ってきたものと思う。また、人生の復路を歩んでいる、とも実感するようになった。

そこで、いつまで生きるかわからない今後の人生を生きぬく心構えを考えてみた。それはいつも志を持ち、世阿弥《ぜあみ》のいう「初心を忘るべからず」を忘れずにいることと思う。

年齢をとってから一番大切なのは志であるといったのは、江戸期の儒学者・佐藤一斎《いっさい》である。その著書『言志後録』に、

血気には老少ありて、志気《しき》には老少なし。老人の学を講ずるには、まさにますます志気を励まして、少壮の人に譲るべからざるべし。

といっており、血の気は若い青年とお年寄りとでは違いがある。しかし、志にはその差がないと

いうのである。だから老人が勉学するには、ますます志という「志気」を励まして、若い人に負けてはならない。志は若いとか年寄りとかはないことをいうのである。

能の大成者と言われる世阿弥はその著書『花鏡《かきょう》』に、

老後の初心を忘るべからずとは命には終りあり。能には果てあるべからず。

という。六十を超えた老後に及んでも、老境の初心の芸を忘れてはならないと教えている。人間の命には必ず終りがある。しかし、能にはこれでよいとする到達点がない。老人は老人にふさわしい芸を覚えることが老後の初心の芸であった。生涯、初心の芸を忘れずに過ごせば、これが最後ということはない。能の行きどまりを見ることなく、上達していく姿のまま生涯を終えることができるのである。

現在、私は六十歳の「初心を忘るべからず」の初心を生きぬいている。来年は六十一歳の初心を生きぬくことになる。一日一日、毎日毎日を初心で生き、老後の初心を忘れるなと世阿弥はいう。そうなると、死ぬ寸前の芸がその人にとって最高の芸ということになる。そのために稽古に稽古を重ね、精進に精進するのであり、絶えず向上心を持つことが世阿弥の極めた奥義であった。

私はいつも志を持ち、世阿弥の極めた奥義を今後の自分の人生を生きぬく心構えとして、これからも不断の精進を死ぬまでしたい。

二人の父のお盆を迎えて

お盆がきた。一年で最も忙しい時期である。猛暑の中での平和公園墓地のお墓経、檀家さんたちのお宅にある仏壇にお参りに行く棚経《たなぎょう》、お寺での盆施食《せじき》法要と、まさに体力勝負の八月である。最近メタボである私にとって、体重の減る良い時期かもしれない。

お盆になると、普段思っていなかった先祖のことが思い出される。ずいぶん長い間沙汰のなかった人から、急に先祖供養をお願いしたいという電話があったり、寺詣りに見える。生者の心に死者が里帰りしてきたとも思われる。

今年（平成二十一年）のお盆は、二人の父を迎え送った。一人は師僧である父、もう一人は家内の父の義父である。

父は三月二日に亡くなった。昨年十一月下旬に急性肺炎にかかり入院した。点滴の生活が三カ月続いたが、その間に万が一の覚悟ができた。それに対し義父は、一月二十七日に急逝した。三日後の孫の結婚式に出席するためスーツを新調しており、すこぶる元気であった。しかし、心臓発作で急に倒れ、救急車で病院に搬送された。心臓マッサージを懸命に行っていただいたが、その甲斐もなく亡くなった。

一カ月の間に二人の父の死にあった。二人の父との思い出は多く、孝行できたのか悔いの残ることが多い。しかし、私は親孝行したと思っている。それは年齢の順序通りに親を送ることができたからである。

お盆は自然に先祖への思いやりが心の中にわいてくる。そのため、亡き人と出会う日がお盆ともいえよう。今年は自分が生きて二人の父を初盆として迎え送ることができた。しかし、来年は自分が迎えられる身にならないという保証はどこにもない。

したがって、お盆は今ここに自分が生きていることを自覚する日であり、生きて先祖を迎えることのできたことを感謝する日でもある。今生かされている自分の生命のありがたさを改めて感じ、日々の今を大切に生きていきたい。

母の死に想う

昨年（平成二十一年）三月に父が亡くなったため、今年（平成二十二年）の正月は喪中であった。一周忌が終り三カ月ほど経った六月には、母が急逝した。そのため今年に続いて来年の正月も喪中となる。

母は六、七年前、血液の血小板を作ることができなくなり、一週間に二回の輸血を行った。ある時、輸血中に湿疹ができ、輸血を中止した。それ以後、何種類もの薬を服用することになり、薬の副作用であろうか足がむくみ、そこに細菌が入って腫れあがり、治療のため入院することになった。それが昨年の十一月である。今年の正月は初めて病院で迎えることになった。頭はしっかりしており、判断力はあったが身体はあまりいうことをきかず、不自由の身であった。

釈尊は「四苦八苦」を説く。この世に生まれてきた苦しみ、これは楽しく生活している時にはまったく感じないであろう。しかし、嫌なことがあったり、悲しいことに出会った時には生きていることの苦しみを感じる。年老いていく苦しみ、病になる苦しみ、死ぬ苦しみを「生老病死」の四苦という。

生あるものは死に、形あるものは壊れる。この世は諸行無常である。親との別れは愛しい人と別れる「愛別離苦《あいべつりく》」にあたる。誰でもがいつしか必ず経験することである。しかし、親との別れは不幸と考えるよりも生きて親を送ることのできる喜びと解し、今自分が生きていることに感謝の気持ちを持つべきであろう。

子供が病気や事故で親より先に亡くなる不幸が、毎日のように新聞に掲載されている。そのため私は、健康で親を送ることができたことに対し、安堵の気持ちとともに最高の親孝行であったと思った。父を亡くした後に体調を崩した時、私は思わず仏様に母親を送るまで今しばらく待っていただきたい。母を送った後ならば、いつ逝ってもいいと何回願ったことか。私も六十二歳となり、いつ死んでもおかしくない年齢となった。しかも私は二人兄弟で、弟はすでに十年ほど前に亡くなっている。残された子供は私一人である。もし、私が先に逝ったならば、母親の落胆はたとえようがなかったであろう。

親は二人とも高齢であったため、年齢には不足がない。しかし、亡くなるとそれまで気がつかなかったが、自分の心の支えとなっていたことがわかり、その支えを失った思いである。生前中にあれもやってあげたかった。これもしてあげたかったと思い、残念である。しかし、母は子供が健康で送ってくれたことに対し喜んでいるであろう。それを親孝行と考えたならば、私の心は思わず明るく温かくなってきた。これでいつ死んでもかまわなくなったが、私は残りの人生の日々を精一杯大切にして生きていこうと思う。

人生には定年がない

人間の一生は、「生老病死」である。仏教では「生老病死」を四苦といい、それと愛する人と別れる愛別離《あいべつり》や、求めても得られない求不得《ぐふとく》などの四つを合わせて「四苦八苦」と称している。難しい問題や容易にできないことに出会った時、思わず出てくる言葉でもある。

この中、老苦は一番厳しいと鎌倉時代の禅僧・無住国師は『雑談集《ぞうたん》』巻第四でいう。それは、

老は八苦随一、何事につけても、昔に変はりて、見苦しく、障りのみ多き中にも、人に厭ひ、憎まれ、笑はれ侍り

とある。老いると、昔とは変わって見苦しく支障をきたすことが多い。また、人に厭われ、憎まれ、笑われるという。鎌倉時代でも現代でも、老人の姿は同じである。しかし、肉体的衰えはもちろんであるが、それ以外に疎外されたことから生まれる孤独感がある。これこそ老人が一番に感ずる人生晩年の苦といえるものであろう。まさに無縁社会である。

人生には定年がない。生まれた途端に日付の書かれていない定期券を手にするようなものである。そのため人生には、余生や老後というものがない。最期の時をいつ迎えてもいいように、日々を悔いなく生きぬいて現役を終える。たった一度しかない人生を悔いなく生きることから、定年がないのである。

決して急ぐ必要はない。各駅停車の旅を続ければよい。特急電車に乗ったら見えない途中の風景も、各駅停車に乗ればじっくりと楽しめる。時には歩みを止めてもいいであろう。こつこつと一歩一歩と積み上げていくうちに力がついて人生がわかってくるのである。

平成二十一年七月に一〇二歳で亡くなった禅僧の松原泰道《たいどう》師は、「生涯現役、臨終定年」が信念であった。亡くなる日まで仏教をやさしく説かれる講演会に、全国各地へ飛び回って話し続けた。「自分は後期高齢者をとっくに終え、ただいま末期高齢者です。残された命も秒読み段階で、

いつ消えるかわかりませんので早速お話に入ります」といって会場を爆笑させた。私も中日文化センターでお会いし、お話ししたことがあった。東京から一人で出講されており、まさに現役であった。九十四歳の奥様が亡くなられた二十二日後、奥様に招かれたがごとく一〇二歳の幕を下ろされた。人生には定年がない。松原師のように亡くなる日まで現役で活動し、定年は臨終で終わりたいものである。

健康寿命

私は来年、六十五歳になる。世間にいう高齢者の仲間入りである。しかし、体力・精神力は高齢者とは少しも思っていない。ただ、境内や墓地の草取りなどをすると、腰が痛くなったり、疲労感を強く感じることがある。

私は草取りを自分の心の掃除と思っている。普段掃除を手抜きしている私にとって、汗をぬぐいながら一本一本抜く草取りは、自分の心を見つめ直す機会であり、心が少しずつ綺麗になっていくように思える。しかし、その草取りもあと何年勤めることができるであろうか。

最近、厚生労働省より「健康寿命」が発表された。「健康寿命」とは一生のうち、健康で生活に支障なく暮らせる年数のことで、平均寿命から寝たきりや認知症などによって介護される期間を差し引いて算出している。

それによれば、二〇一〇年は男性が七〇・四二歳、女性は七三・六二歳との結果が発表された。九年前のデータと比べると、平均寿命は約一年半延びており、男性は七九・六四歳、女性は八六・三九歳である。

ところが、「健康寿命」の延びは約一年に止まっている。その分、医療や介護が必要になる期間が長くなったことになる。平均寿命との差から求めた「不健康な期間」は、男性が九・二二年、女性は一二・七七年となる。そうなると、男性の私が健康で元気に頑張れるのは、あと六年ほどである。

七十歳は古稀といい、平均寿命の短い昔は、古来稀に迎える年齢であった。孔子は『論語』で、「七十にして心の欲する所に従って矩《のり》を踰《こ》えず」といい、七十歳は日々を自分のしたいようにして生きることという。しかし、それが人の迷惑になってはいけないというのである。

それから九年後が平均寿命の年となる。私にとって、健康寿命を迎えるこれからの五年間が人生最後のラストスパートといえる。そのため、今まで以上の一層の精進をせねばと思っている。しかし、その途中に倒れても、決して悔いはしない。それは日々精進しているからである。

袈裟がけ

過日、NHKの「タイムスクープハンター」の最終回を観た。未来からタイムスクープ社のジャーナリストが過去へとタイムワープして、その時代の人々に密着取材を敢行し、実像に迫っていくドキュメントタッチの番組である。登場人物は歴史に名を残さない人々であるところから著名人ではないが、徹底した臨場感に溢れていた。

最終回は正徳二年（一七一二）二月二十六日に小田原の旅籠《はたご》で女性が殺害された事件であった。犯人は同じ旅籠の奉公人とされ、逃亡先で捕まった。そこで、小田原の町奉行所まで唐丸駕籠《とうまるかご》で護送され、裁きを受けた後、処刑場に至るまでを密着している。

しかし、この事件には不自然な遺留品があり、書き置きもあったところから、事実は自殺であった。役人の判決は奉公人が犯人とされ、死罪となった。奉行所で一度決まった判決は覆すことのできなかった時代であり、まさに「えん罪」であった。

そこで登場したのが、諸国を旅する僧侶である。事情を知った僧は奉公人の命を救わねばと、「奉行所の裁きはお家の法、拙僧が行うのは天下の法」といって、仏法第一の作法である「袈裟がけ」に挑む。

「袈裟がけ」とは、死刑を執行する際に僧が袈裟を投げかけて罪人に掛かったならば、刑の執行が赦免《しやめん》されるというものである。それは命を救う最後の慈悲であり、最終手段であった。

放送では、僧が搭けていた輪袈裟を奉公人に投げたが、残念ながら勢い余って屋根に懸かってしまった。しかし、すぐに風が吹き、屋根の輪袈裟がずり落ちて罪人の首に掛かった。輪投げのようであったが、「袈裟がけ」が成功したのである。

役人は処刑を中止した。私はこのシーンを見て、袈裟の尊さ、功徳《くどく》を改めて学んだ。袈裟が仏法そのものであることを確信した。

寺史の刊行

まもなく拙寺史が刊行される。著者は住職の私である。拙寺（名古屋市・曹洞宗法持寺）は、弘法大師が熱田神宮に参籠した折に開創されて以来、室町期に曹洞宗として再興され、約一二〇〇年の歴史がある。しかし、昭和二十年の空襲により全山が焼失し、往時の面影はなくなった。そのため復興の第一は、伽藍の再建であった。

それは昭和六十三年に師父が見事になしとげた。その後董《ごとう》に就いた私の使命は、文化的活動である寺史の刊行であった。寺史を顧みて、将来の指針を見つけ出すためである。私は学生時代から、寺史に関する資料を見つけるとコピーしたり書写していた。

考えてみると、四十年以上、常に寺史の刊行を夢見ていたが、専門研究や雑務に追われて寺史の執筆に打ち込むことはできなかった。完成するかどうか不安であった時、宇井伯寿《ういはくじゅ》先生のことを思い出した。

先生は周知の通り、わが国を代表する印度哲学研究の第一人者である。先生は幼少の頃に出家して東漸寺《とうぜんじ》（愛知県豊川市伊奈町）の弟子となった。師僧から大学までの教育費を出してもらい、曹洞宗僧侶としても一人前に成長し、住職に就いた。その学恩に報いるため、自坊の『東漸寺誌』を著したのである。

その寺史は昭和二十六年六月に、同寺三十六世の永井海雲の晋山式《しんざんしき》および授戒会の記念として刊行された。発行兼編輯《へんしゅう》人は永井海雲とあるが、実際は三十四世の宇井先生が執筆したものである。私は宇井先生の本師への思いと報恩行《ほうおんぎょう》に感激したのであった。印度哲学が専門の宇井先生の報恩行は、曹洞宗学を専門研究としている私にとって、当然にできる報恩行と考えた。

このような思いで完成する寺史を心待ちにしていた師父は、二年前に遷化《せんげ》した。母にも読んでもらいたかったが、父を追って一年三カ月後に亡くなった。親孝行は生前中にできなかったが、題字は晩年の師父に書いてもらっていた。師父の思いがいつまでも拙寺の歴史に生きているようにとの思いからである。

修行は生涯

人生の節目として、一〇〇〇日は区切りのいい時間である。これは約三年にあたる。身近なところでは、「石の上にも三年」のことわざがある。辛く困難なことも辛抱していれば、いつかは必ずなしとげることができるのたとえである。

辛抱する場所が、なぜ石の上なのかは理解しがたい。不安定な生活を「石の上のすまい」というところから、石の上に長く座り続けることが忍耐につながり、自らの体温で世間という冷たい石も温められると考えたのであろう。

一〇〇〇日の行といえば、比叡山の回峰行《かいほうぎょう》がある。比叡山の東塔・西塔・横川《よかわ》の三塔をめぐる約三〇キロを、深夜に出発して山中に祀られる諸神・諸仏を礼拝しながら早暁まで歩き続ける荒行《あらぎょう》である。「歩く坐禅」といわれ、走るより速く歩くともいわれる。もちろん期間中、一日の休みも許されない。命がけの決死行である。

江戸中期に曹洞宗学を復興し、多くの著作を残した碩学《せきがく》の面山瑞方《めんざんずいほう》がいる。「婆々面山」といわれ、宗典に懇切丁寧な注釈を施した。面山は宝永三年（一七〇六）、二十四歳の時、相州（神奈川県）の老梅庵に入り、大願を発して一千日閉関《へいかん》の修行に入った。

この期間、面山は山門から外出せず、昼夜、見台《けんだい》の上に自ら書写した『正法眼蔵《しょうぼうげんぞう》』を拝読し、打坐《たざ》（坐禅）していた。睡魔が襲ってくれば『正法眼蔵』を音読し、暗誦《あんしょう》に努めた。近くの僧が浄髪（頭髪を剃る）に来てくれたり、信者が粥飯《しゅくはん》（食事）を供養してくれた。『正法眼蔵』の出典研究で、面山畢生の大著といわれた『正法眼蔵渉典録』を撰述する大願はこの閉関中に立てられ、学匠面山の礎石を築いたのである。

千日回峰行、千日閉関行は容易に実行できるものではない。しかし、一歩一歩着実に努力していけば、何事も大成することを表わしている。私は先人の教えを学び、そこから自分の道を探し進んできた。これからも自分自身を叱咤激励して歩んでいくであろう。

人間は生涯絶え間なく修行を継続せねばならない。修行を継続して昨日より今日、今日より明日と向上し進歩せねばならない。修行は終わりという期限がない。修行に卒業なしである。

『熱田白鳥山法持寺史』の刊行

私は最近、住職している法持寺の寺史を出版した。学生時代から夢見ながら資料を集めていたもので、四十五年以上の歳月を費やして成ったものである。住職と大学教員の二足の草鞋《わらじ》を履いているため、年中無休で檀務や大学の講義・研究などに追われ、寺史の執筆だけに打ち込むことはできなかった。

　父母は高齢を迎え、その介護に家内や子供とともに協力し、世話をした。父は寺史の刊行を心待ちにしており、私が直接説明しながら報告するつもりでいた。しかし、残念ながら完成を見ずに平成二十一年に遷化《せんげ》した。母にも読んでもらいたかったが、父に続いて一年後に亡くなった。親孝行は生前中にできなかったが、泉下で二人仲良く喜んで見ているものと思っている。二人が亡くなった後は、両親が一日も早い完成を後押ししているように思え、その支えが大きなパワーとなった。

　父は私に多くの時間を与えてくれた。本来ならば、私が務めなければならない檀務や法要も、父が黙ってやってくれた。それは私に研究の時間を作ってくれたのである。まさに無言の子孝行であった。その恩に報いるため、私は研究論文や研究書の執筆に一生懸命打ち込んだ。その成果の一つが『熱田白鳥山法持寺史』の刊行であり、父への最高のプレゼントであった。本のタイトルの題字は晩年の父に書いてもらっていた。父の生前中に刊行できなくても、必ず刊行するという約束を父としていたからである。それは父への感謝と父の法持寺への思いが、いつまでも法持寺の歴史に生きているようにとの思いからであった。

『熱田白鳥山法持寺史』

母の急逝は悲しかった。そのため母の法持寺への思いも残そうとして、すでに決まっていたタイトルに「熱田」をつけ加え、その字を母の書簡などから探した。しかし、墨字はなかったため万年筆の字となった。

このように『法持寺史』は、私が両親へ提出したレポートであるとともに、両親の思いも込められた著作となった。

志いまだ老いず

私が五十歳になる少し前、江戸末期に尾張で活躍した高僧・大薩祖梁《だいさつそりよう》の足跡を研究した。大薩は安政四年（一八五七）、五十歳を迎えるにあたり、歴住地に自分の墓塔《ぼとう》を建立《こんりゆう》した。当時は今日と異なり、人間の寿命は短く、六十歳の還暦を迎える人はそう多くいなかったようである。そのため、五十歳になると「五十沙門祈禱」といって、『大般若経』を転読し、法臘《ほうろう》延長を願うとともに寿塔《じゆとう》を建立したのである。

大薩のエピソードを知った私は、五十歳を迎える時、大薩にあやかり自分の墓塔を建立しようと思い、師僧に相談した。ところが、師僧は師僧自身の墓塔もないのに、どうして弟子が先に建立するのかといい、建てることを反対された。

六十歳の還暦を迎えた時、先人の言葉を思い出した。孔子は『論語』に、「吾れ十有五にして学に志す。三十にして立つ。四十にして惑わず。五十にして天命を知る。六十にして耳順《したが》う。七十にして心の欲する所に従って矩《のり》を踰《こ》えず」といって自分の一生を振り返り、六十歳にして初めて人の言うことを素直に聞ける寛容性が身についたという。室町時代の能役者の世阿弥《ぜあみ》は、その著書『花鏡《かきょう》』で、「老後の初心を忘るべからず」という。私は六十歳の初心を忘れないために、一日一日を初心で生き、精進に精進し、絶えず向上心を持って生きていこうと考えた。そして世阿弥の「不断の精進」を誓い、『志は老いず』（大法輪閣）を出版して、当時の心境を吐露した。

六十五歳を迎える頃、一通の書類が役所より届いた。あけてみると年金の請求手続きの案内書である。それには、「六十五歳になると老齢基礎年金を受ける権利が発生します。……そのため手続きを行って下さい」とある。これを見て私は愕然とした。しかし、その一カ月後、今度は市役所から「敬老手帳」と「敬老パス」の交付申請書が届いた。両親の「敬老手帳」や「敬老パス」は見たことがあったが、ついに自分の名前の書いてある手帳が送られてきたので、再び愕然とした。さらに駄目押しの如く介護保険の第一号被保険者となる通知がきた。これらは自分が確実に六十五歳を迎えたことの知らせである。まさに高齢者の仲間に入ったのであった。

平成二十九年九月には、大学の理事長より「定年のお知らせ」がきた。来年の三月三十一日をもって定年であることを、改めて通知してきたのである。もちろん私は七十歳を迎え定年であることを承知しており、定年後は今までの自分の研究の総まとめをするなど予定がいっぱいである。しかし、いざ定年の通知がくると感無量であった。住職と大学教員の二足の草鞋《わらじ》を履いて、定年まで大病せずに健康で大過なく勤めることのできた安堵感もあった一方、寂しさもひとしおである。大学からは勤続四十年の永年勤続表彰を受けたが、夢の如く幻の如く過ぎた四十年であった。

以前、元花園大学学長の西村恵信《えしん》先生が七十七歳の時、大学を定年で退職されて以来の随想をまとめた『七十を過ぎてわかったこと』（禅文化研究所）を贈っていただいた。公職から解放されて、ようやく自分の生活を取り戻した方々に共感を求めたものであった。七十歳を古稀という。平均寿命の短い昔は古来稀に迎える年齢であった。孔子は『論語』で、七十歳は毎日を自分のしたいようにして生きることであると教えている。しかし、それが人の迷惑になってはいけないのである。

一〇七歳の長寿をまっとうした京都・清水寺の大西良慶《りょうけい》長老や、一〇四歳で逝かれた女流画家・小倉遊亀《ゆき》画伯は、七十代が一番面白かった、良かったと述懐している。すなわち、人生の一番充実した黄金時代は七十代という。しかし、一〇〇歳を超えるほどの長寿を迎える人はそう多くない。そのため、七十代が黄金時代と思う人も多くはないかもしれない。

西村先生は、自分の寿命を九十歳と決められているそうである。あとわずか何年しかないと自分に言い聞かせている、と。これを聞くと、たいていの人は「明日もしれぬ身なのに何とまた」

といって笑う。しかし、そういう人こそ自分が明日死ぬとは思っていないのではないか。

　先生は自分の老いを嘆いて死の日を待つより、残りの人生で一番若い今日を目一杯楽しむに及ぶものはないといわれる。私はなるほどと思った。死に向かって生きている日々を、老いるという発想よりも残りの人生に向かって一番若い今日であるから、何でもできるという反対の発想で日々を見ている。西村先生のような発想ならば、まさに日々精進の一日一日となろう。私の定年は男性の健康寿命である七十一歳の一年前である。しかし、私の人生はこれからがラストスパートである。そのため、今まで以上に精進せねばならない。日々精進していれば、たとえその途中で倒れても、決して悔いはないであろう。節目ごとに自らを励ましてきた私の志は、いまだ老いずである。

六回目の干支を迎えて

　令和になって初めての正月を迎えた。干支は子年《ねずみ》である。子年生まれの人の運勢は、「正直で無邪気、外面は柔和に見えるが、仕事に励めば晩年は安泰」ということ。私は昭和二十三年の子年生まれで六回目の年男。「団塊の世代」で同級生が二六八万人もいる。人口が多いため、何でも競争、競争であった。戦後まもない頃のため、物は乏しく貧しかったが、世の中の多くが貧しいから不自由は感じなかった。両親をはじめ、大人らは戦災復興のため一生懸命働いていたのを覚えている。

あと三年で後期高齢者となるが、現代の平均寿命は男性が八十一歳、女性が八十七歳で、男女総合では世界一の長寿国となった。健康でいられる年齢の平均の健康寿命は男性が七十五歳、女性が八十歳といわれている。年間の死亡者数となると、一三一万人で、今後も団塊の世代の死亡が増え続けそうである。しかし、新生児は九十七万人と逆に年々減り続けている。未来の日本はどうなるのか危惧の念を抱くものである。

私は七十五歳までは健康で何とか生きておりたいと思っている。しかし、最近は病院に通い検査の連続で、その結果、腎臓の悪いことがわかり、精密検査や食事療法を行っている。これから何年生きるかわからないが、今まで通り一日一日を一生懸命生きていこうと思っている。そのうち気がつけば八十歳の晩期、八十五歳の末期高齢者になっていることだろう。健康でその年齢を迎えたいと思っている。

近年、笑いが心身の健康に良いといわれるようになった。笑うことで身体に酸素をたっぷり取り込むため、身体にも脳にもやさしいといわれている。まさに、「笑う門には福来たる」である。そのせいか、最近のテレビは漫才とか落語とかコントなどのお笑い番組が多くなってきた。往年の漫才コンビに、「獅子てんや・わんや」がいる。名前は、作家の獅子《しし》文六《ぶんろく》(一八九三―一九六九）の小説「てんやわんや」からとったものだそうだ。意味を強調するために二語からなっており、こうした言い回しで架空のコンビ名を考えてみれば、「バラバラ漫才あちら・こちら」「うそつき漫才あること・ないこと」という具合だ。さらに世評を皮肉った政治漫才では、「今年もやはりのらり・くらり」「口八丁・手八丁」、与党の政治に対して野党の漫才の「鳴かず・飛ばず」「うんとも・すんとも」、経済漫才は見通しの悪い「なんとも・かんとも」、米中関係の「すったもんだ」「押し合い・へし合い」「にっちも・さっちも」、東京オリンピックのマラソン開催地変更の「いきあたり・ばったり」、今年の先行きに「おっかな・びっくり」もいいコンビ名であろう（令和二年一月四日付『中日新聞』の「中日春秋」より）。

次に檀家さんから教えていただいたおもしろい川柳を紹介してみたい。まさにわれわれ高齢者の現実を風刺している、ユーモアのあるものばかりである。

誕生日　ローソク吹いて　立ちくらみ　（六十三歳・男性）
手つなぐ　昔はデート　今介護　（七十六歳・女性）
ＬＥＤ　使い切るまで　無い寿命　（七十八歳・男性）
これ大事　あれも大事と　ゴミの部屋　（六十七歳・女性）
紙とペン　探している間に　句を忘れ　（七十三歳・男性）
目には蚊を　耳には蟬を飼っている　（六十七歳・男性）

味のない　煮物も嫁の　おもいやり　（五十七歳・女性）
若作り　席をゆずられ　ムダを知り　（七十一歳・男性）
起きたけど　寝るまでとくに　用もなし　（七十三歳・男性）
入場料　顔見て即座に　割り引かれ　（七十一歳・男性）
いざ出陣　眼鏡、補聴器、義歯、携帯　（七十九歳・男性）
なぁお前　はいてるパンツ　俺のだがや　（六十歳・男性）

皆さんは大笑いされたであろうか。今年も平和で明るい笑いのあるアットホームで一年を過ごしたいものである。

正月に八十八歳を迎えた西村恵信《えしん》先生（元花園大学学長）より、年賀状を頂戴した。先生はウィットに富んだ人で、「老後の幸せ四条件」が記されていた。①はまず「お金」。しかし、死んでからは持って行けないので、いただいた「伝道文化賞」の賞金は全て母校へ寄付したとのこと。②は「健康」。持病の狭心症も再発せぬまま何とかやっているとのこと。③は「友達」。これこそ自分の宝物で、全国各地から、いや国外からも「もう一度飲みましょう」とのお誘いがあるとのこと。④は「趣味」。今も絵筆を持たぬ日はなく、書き溜めた絵は三〇〇枚で、自分の葬式に駆けつけてくれた人への御礼にと大事に残しているとのこと。そして続いて、八十六歳を迎えた老妻ともども、残された今日の一日を人生で一番若い日と思って大切に暮らしている。「どうぞ今年も宜しく」ということであった。

誰もが通らねばならない道であるが、人生の最期を迎える心構えを西村先生より教えてもらった気がした。来年も新たな気持ちを吐露した先生の年賀状が届くことを期待している。

『熱田白鳥山法持寺史第二』の刊行

昔から住職になれば、孝順心《こうじゆんしん》・報恩行《ほうおんぎよう》の第一は師寮寺《しりようじ》の寺史、あるいは師僧の行履《あんり》・語録の編集といわれた。そのことを教えられた私は、平成二十四年十月十二日に『熱田白鳥山法持寺史』（以下、『法持寺史』と略称）を刊行した。その後記にも記したように、四十年以上の歳月を費やして完成したものである。刊行後、拙著を見た方や各方面から新しい資料の提示を受けたり、参考となる御意見を受けた。そこで、それらの資料を考察して拙稿「『熱田白鳥山法持寺史』補遺考」（平成二十六年三月『愛知学院大学禅研究所紀要』第四二号）や、「続『熱田白鳥山法持寺史』補遺考」（平成三十年三月『愛知学院大学禅研究所紀要』第四六号）で発表した。しかし、その後も新事実が確認できたり、新資料を入手したため、先の拙稿とその後に執筆した諸論考を集約して『法持寺史』の続編を刊行することにした。題名は前著を踏襲して、『熱田白鳥山法持寺史第二』とした。「第二」としたのは今後も引き続き、後継の住職が新資料を得て続編が刊行できるようにとの思いからである。論の進め方は歴代住持の順に、住持期間の出来事や歴住に関することを取り上げて進めた。資料編の如きものであるが、将来の後輩《ごとう》が推敲して論文を執筆できればと願っている。

刊行の機会となったのは、弊師の十三回忌を迎えるにあたり、何とか報告できないかと思う気持ちからであった。残念ながら法要はコロナ禍で感染者が急増しているところから内献で行い、刊行は祥当日には間に合わなかった。また、弊師より一年後の六月に逝去した母へも捧げたく思い、両親の十三回忌報恩出版とした。両親の命日が近づくにつれ、両親の腕が私の背中を力強く押してくれているような思いであり、やっとここにまとめることができた。生前中に本編も第二も刊行されなかったが、二冊の本を泉下で仲よく読んでいるものと思っている。親孝行は親の生きているうちになかなかできないことを思い知らされた。

『法持寺史』は筆者個人の業績ではない。歴代住職の眼に見えない後押しがあってのものである。歴住はそれぞれの時代に法持寺興隆のために活躍しており、その足跡が書籍や文書・墨跡《ぼくせき》などに残っている。今なお発見されずに眠っているものも多くあるはずで、これからの法持寺後住は、それらの資料の発掘や蒐集《しゅうしゅう》に努め、本書以後も続いてより完璧な『法持寺史』の完成することを期待し念願している。その礎石に本編と第二がなれば無上の喜びである。

『熱田白鳥山法持寺史』は、平成二十五年度曹洞宗特別奨励賞（教化学部門）を受賞した。平成二十五年十二月六日、駒澤大学中央講堂において行われた授賞式では、「古文書、古絵図、木像、金石史料など膨大な資料を整理解読した極めて学究的色彩の強い寺史で、その刊行は宗派と学術の振興に資する」との評を得た。大変ありがたく光栄なことであったが、これは私一人の力でなし得たことではない。歴住諸大和尚の多くの足跡があったからこそ完成したものである。衷心より各大和尚に感謝するとともに、ますますの法持寺興隆に努めていきたい。

『熱田白鳥山法持寺史第二』には、本編での校正ミスや誤った箇所を指摘した正誤表も加えた。六頁分にわたっているが、『熱田白鳥山法持寺史第二』はできるだけミスを少なくしたたく願っている。これは正しいことを後世に伝える研究者としての使命からである。

5　おりおりの法話

老後の初心を忘るべからず

元旦は身も心も清めてこの一年を生きぬく決意をする日であり、初心にかえる日でもある。初心にかえるということは、絶えず精進していかなければならない。まさに不断の修養が必要ということになる。

室町時代の能役者・世阿弥《ぜあみ》が、その著書『花鏡《かきよう》』のなかで次の言葉をあげている。それは、

是非初心を忘るべからず
時々の初心を忘るべからず
老後の初心を忘るべからず

である。

最初の「是非初心を忘るべからず」とは、若い頃の芸を常に忘れず身につけておけば、老後にはさまざまの功徳《くどく》があるというのである。そして、「前々の非を知るを、後々の是とす」の諺《ことわざ》を引用して、未熟で失敗した若い頃の初心を忘れないことが、後々の心を正しくする。初心の芸を忘れたら逆もどりしてしまう。初心を忘れなければ、後心も必ず正しくなる。後心が正しければ、現在の身についている芸が劣ることはあり得ない。この道理をよくわきまえることが大切である

という。「初心を忘るべからず」ということは、若い人が若い時の初心を生涯覚えておけば、能が上達していく過程がはっきりと見えるはずである。若い人は現在の未熟さを十分に自覚して、生涯初心を忘れてはならないと教えている。

次の「時々の初心を忘るべからず」とは、若年から働き盛りの年頃になり、さらに老年に至るまで、それぞれの段階にふさわしい表現を学ぶのはいずれの時も初体験である。また、それぞれの時期における初心の芸にほかならない。つまり、その時々の初心に生きることである。その時々の芸を捨てて忘れてしまったら、芸はその場限りのもので身につくはずはない。過去に演じた全てを身につけておけば、多彩な表現の芸となる。その時、その時を「時々の初心」といい、その時の初心の芸を忘れないことが大切である。

最後の「老後の初心を忘るべからず」は、老後に及んでも老境の初心の芸を忘れてはならないという教えである。人間の命には必ず終わりがある。しかし、能にはこれでよいという限界がない。老人は老人にふさわしい芸を覚えることが老後の初心の芸なのである。

生涯、この初心の芸を忘れずに過ごせば、これが最後ということはない。能の行きどまりを見ることなく上達していく姿のまま生涯を終えることができる。これが世阿弥の極めた奥義であり、子々孫々家訓として残す口伝であるという。

このように、「初心を忘るべからず」はいつも向上心を持つということである。年をとれば肉体は衰え老いていく。しかし、志や気力は年齢には関係がない。それどころか、かえって年齢が高くなればなるほど充実してくるものである。

新春を迎え、世阿弥の言葉の意味を深く味わい、老後の初心を忘れないようにしたいものである。

志気に老少なし

年をとれば肉体が衰えることは当然である。老いは肉体ばかりでなく心も老化していく。定年になり仕事や趣味などを生かすことのできない生活が続けば、心の老いは急速に進行するであろう。

江戸後期に活躍した仙厓義梵《せんがいぎぼん》和尚に、老人の歌を記した「老人六歌仙」がある。

1．しわがよる、ほくろができる、腰がまがる、頭ははげる、髪は白くなる。
2．手はふるう、足はよろめく、歯はぬける、耳は聞えず、目はうとくなる。
3．身に添うは頭巾《ずきん》、襟巻、杖、眼鏡、たんぽ温石《おんじゃく》、しびん、孫の手。
4．くどくなる、気短かになる、愚痴になる、出しゃばりたがる、世話やきたがる。
5．聞きたがる、死にともながる、淋しがる、心がひがむ、欲深くなる。

6．同じ話のくりかえし、孫の自慢、達者自慢。

この「老人六歌仙」を読むと、誰でも身に覚えのあることばかりであろう。体だけでなく心が老化していくありさまをよく示している。江戸時代も今も人間が老いることに変わりはなく、現代にも通用することである。

老人になれば、いやでも死や病を考えるようになる。しかし、大切なのは心の老いを防ぐことであろう。それについて、能の大成者・世阿弥《ぜあみ》はその著書『花鏡《かきょう》』で、

老後の初心を忘るべからずとは、命には終りあり。能には果《は》てあるべからず。

と説いた。人間の命には必ず終わりがあるが、能には終わりがなく果てがない。無限に追求しなければならない奥があるというのである。だから、老人になっても初心を忘れず、能の稽古に打ち込まなければならない。六十歳になっても七十歳になっても八十歳になっても、その年代にふさわしい花を咲かすことを教えたのである。

老年になって一番大切なのは、志といったのは江戸期の儒学者・佐藤一斎《いっさい》である。その著書『言志後録』に、

血気には老少ありて志気《しいき》には老少無し。老人の学を講ずるにはまさにますます志気を励して、少荘の人に譲る可からざるべし。

といっており、人間の体力から発する血気には青年と老人とでは大きな違いがあるが、精神より

ほとばしり出る志気には老人と青年の間に違いがない。だから、老人が勉学をするにはますます志気を励まして、青少年や壮年の人たちに負けてはならないという。

また『言志耋録《てつろく》』には、

人は百歳なる能《あた》わず。只だ当に志、不朽に在るべし。志、不朽に在れば、即ち業も不朽なり。

といい、人間は一〇〇歳まで寿命を保つことは困難である。ただ、志だけは永遠に朽ちないものでありたい。志が永遠に朽ちないものであれば、行いも永遠に朽ちないものであるという。

このように、世阿弥も佐藤一斎も、老人はいくつになっても志を持って生きていくようにと諭している。いいかえれば、毎日毎日を一生懸命に生きることで、今日も明日も明後日も病に倒れても死ぬまで、生きている今を大切に今すべきことをやっていけばよいというのである。それは、今日が残りの人生で一番若い日であるため、何でもできるからである。

独坐大雄峰

私の教え子に、兄の名が大雄《だいゆう》、弟が雄峰《ゆうほう》という兄弟の学生がいた。名前の由来を聞くと祖父がつけたという。しかし、詳しい意味は知らないとのことであった。彼らの祖父は有名な曹洞宗の布教師であった。迫力のある法話は説得力があり、ありがたく心打つものであった。

その布教師の弟子と私は同級生で、ともに学究の道を歩んだ。学生時代、その老師の住職していたお寺を訪ねた時、こんな事をいっておられた。それは、「いたみやゆがみで荒れていたこの寺院の伽藍復興が自分の誓願である。庫裡《くり》の復興は大学院修士課程の修了、本堂の復興は博士論文の完成と思っている。自分はその目標に向かって一生懸命精進するから君たちも仏教学研究に努力せよ。競争しようではないか」と元気よく私たちを励ましてくれた。

その老師は見事な伽藍復興を成し遂げた。自分でいっていた博士号を取得したのである。しかし、体の不調も省みず、無理に無理を重ねて全国へ布教に回っていたため、腎臓《じんぞう》を傷め、透析《とうせき》をせねばならない体となり亡くなられた。

二人の孫の名をつけた老師の思いは何であったろうか。中国江西《こうせい》省にある大雄峰、すなわち百丈山《ひやくじようさん》に住む唐代の禅僧・百丈懐海《ひやくじようえかい》の教えを実践する人になってもらいたかったのではなかろうか。

百丈は禅宗の修行法や生活規律、道場の組織などをまとめた『百丈清規《しんぎ》』を制定した人である。この清規により初めて、多くの修行者が集まる道場において、混乱もなく整然と修行生活が送れるようになった。一日仕事をしなかったならば、その日は食事をとらないという「一日作《な》さざれば一日食らわず」の故事で知られている百丈の精神は、禅宗教団の生活規則に欠かせないものであった。

『碧巌録《へきがんろく》』第二十六則に百丈の公案《こうあん》がある。ある僧（学人）が百丈に、「如何《いか》なるか。奇特の事」と尋ねた。奇特とはありがたいことで、「この世で最もありがたいことすばらしいことはどんなことか」と問うたのである。そこで、百丈は「独坐大雄峰」と答えている。大雄峰とは百丈がいた百丈山のことで、そこに独《ひと》り坐《すわ》っているのが最もすばらしいことというのである。すると、その僧は礼拝《らいはい》した。それを見て百丈は、僧をただちに警策で打ったのである。

この禅問答だけでは何を主張しているのかはっきりわからないが、百丈の生涯は百丈山で坐禅三昧《ざんまい》であった。坐禅以上のものはありえないところから、「独坐大雄峰」と答えているのである。ところが、その僧は礼拝したのである。その礼拝は百丈の心を会得せず、それ以上のものを要求している礼拝であったため、百丈は痛棒《つうぼう》を与えたのである。つまり、坐禅をして悟りを開いた世界がすばらしい世界であるということに対し、ただ一人、大雄峰に坐っているだけというのである。坐禅をして悟ることへの執着《しゅうじゃく》を打ち消し、打ち払ったことばが「独坐大雄峰」であった。

お茶を飲む時には、ただお茶を飲めばよい。ご飯を食べる時には、ただご飯を食べればよい。日常生活のその時、その場のことを、一生懸命行えばよいのである。祖父から百丈の精神を命名された二人は、今、住職となり、その教えを実践している。「独坐大雄峰」には、最近よく聞かれる「ぶれ」はないのである。

鶴は千年、亀は万年、我は天年

仏教では人の寿命が定まっていることを説く。それを「定命《じょうみょう》」という。ただし、それがいつであるかは誰も知らない。もし知ることができれば、死期に近づく一日一日を平常心でいられるか、いや異常な行動をとることであろう。

室町前期の禅僧である一休宗純《いっきゅうそうじゅん》は、「トンチの一休さん」で知られ、多くのエピソードにみちた人である。見事な機転によって大人たちをやっつける話など、一休を主人公とした物語は江戸期に創作され、現在でも漫画やアニメなどで人気がある。

実際の一休は頂相（肖像画）を見ると、髪はぼさぼさで無精ひげが生え、高僧というよりも奇僧の感じがする。京都府京田辺《きょうたなべ》市の酬恩庵《しゅうおんあん》（一休寺）にある木像は、頭髪・眉《まゆ》・ひげに一休自身の遺髪を植え込んだといわれており、奇怪に見える。

一休は後小松《ごこまつ》天皇の子といわれ、六歳で出家して禅僧となった。京都の茶の湯で有名な大徳寺の住職にもなったが、自らは「狂雲子《きょううんし》」と称し、公然と酒を飲み、平気で女犯《にょぼん》して戒律を破っていた。世間の人はこれを奇行とか風狂《ふうきょう》と見たが、号の一休は煩悩と悟りのはざまで一休みという意味から、自らその生き方を実践していたのであろう。

その一休が八十八歳で死を迎えた最後の言葉は、「死にとうない」だったといわれる。これはどのような心から発したのであろうか。死に対する恐怖か、あるいはこの世への未練か、色々と考えられる。おそらく一休は、この世でやり遂げねばならないことが残っていたからであろう。そのため今は死期ではないと見るのである。

それに対し、江戸後期、多くの絵画を残した画僧の仙厓義梵《せんがいぎぼん》は、「双鶴画賛」の作品に、「鶴は千年、亀は万年、我は天年」と賛を書いている。鶴と亀は長寿の象徴としてありがたがられるが、仙厓はそれにあやかって自分は「天年」といった。

天年とは長生きの言葉ではなく、天寿をまっとうすることである。つまりこの頂いている我が命を仏様にお任せして生きるしかないという意味である。

落語の小咄《こばなし》に、大家さんと熊さんの問答がある。熊さんが大家さんに「亀は万年生きるというが、本当に生きるのか」と尋ねたところ、大家さんは「昔から亀は万年というから万年生きるに決まっているだろう」と答えると、熊さんは「近くの子供が買った亀は三日後に死んでしまったため、違うのではないか」と反論した。困った大家さんは考えに考えて、「ちょうど死んだ日が一万年日だった」と答えて小咄は終わっている。

まさに死んだ日が天年であったわけである。そのため、千年も万年も必要ない。すべて与えられた天年の定命しか生きることができない。天年生きればいいのである。その日まで何事に対しても一生懸命に努力、精進することを二人の禅僧は教えている。

西村恵信著『七十を過ぎてわかったこと』に学ぶ

元花園大学学長の西村恵信《えしん》先生より、著作の『七十を過ぎてわかったこと』（禅文化研究所）を贈っていただいた。先生は臨済宗妙心寺派の興福寺の東栖（隠居）で、七十七歳（刊行した平成二十二年当時）である。あごひげをはやした風貌は、かつて臨済宗妙心寺派管長（花園大学学長）を務めた山田無門《むもん》老師によく似ている。この書は花園大学を定年で退職されて以来の随想をまとめたもので、公職から解放され、ようやく自分の生活を取り戻した方々に共感を求めたものである。

七十歳の年祝いを「古稀《こき》」という。平均寿命の短い昔は、古来稀に迎える年齢であった。孔子は『論語』で、「七十にして心の欲する所に従って矩《のり》を踰《こ》えず」をいい、七十歳は毎日を自分のしたいようにして生きることであると教えている。しかし、それが人の迷惑になってはいけないということである。

一〇八歳の長寿をまっとうした京都・清水寺の大西良慶《りょうけい》長老や、一〇四歳で逝かれた女流画家・小倉遊亀《ゆき》画伯は、七十代が一番面白かった、良かったと述懐している。すなわち、人生の一番充実した黄金時代は七十代という。しかし、一〇〇歳を超えるほどの長寿を迎える人はそう多くない。そのため七十代が黄金時代と思う人も多くはないかもしれない。私もあと八年で七十歳を迎える。そこで七十歳を迎える心構え、心の持ち方を西村先生の言葉から学んでみたい。

先生は最近、自分の寿命を九十歳と決められたそうである。あとわずか十三年しかないと、自分に言い聞かせている、と。これを聞くと、たいていの人は、「明日もしれぬ身なのに何をまた」といって笑う。しかし、そういう人こそ自分が明日死ぬとは思っていないのではないか。先生は自分の老いを嘆いて死の日を待つより、残りの人生で一番若い今日を目一杯楽しむに及ぶものはないという。そう思って毎日を大切に楽しく生きているとのことであった。

私はなるほどと思った。死に向かって生きている日々を、老いるという発想よりも残りの人生に向かって一番若い今日であるから、何でもできるという反対の発想で日々を見ている。西村先生のような発想ならば、日々の精進の一日一日になろう。

私は西村先生への礼状に、

あと十三年しかない人生を、自分で自分に言い聞かせて激励し精進している先生に敬意を表します。毎日毎日が初めての経験であり、初心であることを忘れてはならないことを能の大成者・世阿弥《ぜあみ》がいっています。世阿弥のいうとおりに、先生は毎日を悔いなく大事に生きており、うらやましい限りです。

奥付の写真を見ると、飄飄《ひょうひょう》としたお姿、あと十三年どころか何十年もお元気でいらっしゃることと思います。先生には『八十を過ぎてわかったこと』、さらに『九十を過ぎてわかったこと』を刊行され、後学者に人生を生きぬく指針・道標を教えていただければと思います。と感謝の意と期待を記して返信した。

生かされている命に感謝

平成二十三年三月十一日、東日本大震災により大津波、原子力発電所の損壊など、未曽有《みぞう》の災害が起きた。毎日、判明した死亡者の名前が新聞に出ており、それを見ると○歳から一〇〇歳を超えた多くの方々の命が失われている。

ここに哀悼の意を表し、併せて被災された皆さまが一日でも早く復旧して平穏な生活が取り戻せることを祈念いたします。

このような悲しい出来事の中で、感慨深いことがあった。それは阪神甲子園球場で開かれた春の選抜高校野球で、

私たちは十六年前、阪神淡路大震災の年に生まれました。今、東日本大震災で多くの尊い命が奪われ、私たちの心は悲しみでいっぱいです。被災地ではすべての方々が一丸となり、仲間とともに頑張っておられます。

と始まった岡山県創志《そうし》学園高校の野山慎介主将の選手宣誓である。同校の監督・コーチらは阪神大震災で被災しており、また、もしその時、選手の親が亡くなっていれば今日、彼らはおらず、プレーすることができなかったはずである。命を失わず、今日まで生きてこられたことについて、

人は仲間に支えられることで大きな困難を乗り越えることができると信じています。

と述べ、人は多くの人びとによって助けられ、そのおかげで生きていることを知り、最後に、

私たちは今できること、それはこの大会を精いっぱい元気を出して戦うことです。がんばろう！　日本。生かされている命に感謝し、全身全霊で正々堂々とプレーすることを誓います。

と選手として今できること述べている。

一字一句の言葉をかみしめながら、ゆっくりと堂々と述べたこの選手宣誓に対し、被災地からは心を打たれたという感想とともに、「できることを全力でやりたい。仲間を信じる。弱っていた気持ちに活が入った。大きな希望がわいてきた」などと、力強い言葉が返ってきた。

私もこの選手宣誓に感動した一人である。実は、未来ある若い高校生が自分の命は生かされている命であり、それに感謝するという言葉に驚嘆したのであった。十六年前の阪神大震災で被災した地で、その年に生まれた高校生の述べた言葉には、説得力があった。

人はいつ亡くなるかわからない。年齢の順に亡くなるとは限らない、自分よりも若い知人が先に亡くなったことにあった人は多いであろう。死はいつも隣り合わせである。私たちは今、生か

されている。生かされている命に感謝するとともに、今ある命を大切にせねばならないであろう。そのため今できることを今行い、今を一生懸命に生きればよい。それは諸行無常《しょぎょうむじょう》だからである。

みんな同い年

九州博多に、聖福寺《しょうふくじ》という禅寺がある。江戸時代の住職に仙厓義梵《せんがいぎぼん》(一七五〇—一八三七)という人がいた。多くのエピソードを持つユニークな禅僧で、絵画や和歌も能《よ》くした。絵画には必ず賛を加えており、その言葉に感銘を受けてファンになった人がいる。それは、出光興産《いでみつ》の創業者・出光佐三《さぞう》氏で、美術館まで建てて仙厓の絵画を収集した。

その仙厓は、晩年によく「みんな同い年」と書いた。年齢では老人、若人であるが、「死に年」から見れば、老若まさに横一線であることをいう。自分より若い人が亡くなり、ショックを受けたことを経験した人は多いであろう。特に子供に先立たれた親の気持ちは、たとえようがない。胸に矢を射立てられた心境であろう。それはこの世が無常《むじょう》であるからである。

平成二十三年三月十一日に起きた東日本大震災がそれを教えている。二万人に近い人が一度に亡くなり、今なお行方不明者がいる。震災後の新聞には、亡くなられた方の名が毎日載っていた。年齢を見てみると、〇歳から一〇〇歳を超した人である。つまり、赤ちゃんから後期高齢者まで、年齢に関係なく一気に「死に年」を迎えてしまったのである。

「死に年」から見れば、老いも若きもすべて「みんな同い年」である。若い人は、自分はまだ大丈夫といい、間近に死を考える事はしない。死を考えるのはタブーとも思える。しかし、東日本大震災のようにいつ天災に遭うか、事故に遭うかは誰もわからない。ただ確かなことは、「今生きている」のである。そのため、今を一生懸命に生き、今できることを今行うのである。今に生きる、今を大切にせねばならない。そうすると、その継続が大きな力となってくるのである。

私たちは明日のこと、一カ月後のこと、一年後のことも予定を立てる。しかし、本当は明日も一年後のことも何の保証もない。ただ、生きていると仮定し、予定を入れているだけである。まさに「明日とも知れぬ我が身かな」であり、いつ死ぬか誰にもわからないのである。だから今を大切に生きぬいていくだけである。悲しいこともあれば辛いこともある。また楽しいこともあれば、嬉しいこともある。人間が生きるために通らねばならない無常の道である。

「忙中多閑」の教え

今日は春のお彼岸のお中日である。暑さ寒さも彼岸までといわれ、今日からは夜より日が長くなり、暖かくなるはずだ。しかし、まだまだ肌寒い日が続く。今年は暖かくなったかと思うと雪が降ったり、寒暖の差の激しい日が多く、体調をくずされた方も多かったかと思う。

さて、春は美しい花の季節である。白鳥山の境内では梅に続いて桜が咲く。満開の頃には、隣の宮《みや》中学校に新しい学生服を着た新入生が元気よく通学していく。何か心が浮き浮きする季節である。

この季節には、『唐詩選』にある次の句が浮かぶ。

年年歳歳花相似　歳歳年年人不同

（年年歳々花相い似たり　歳歳年々人同じからず）

意味は、「毎年毎年、花は同じように美しく咲くが、人の世は年とともにかわり、生まれる者があれば死ぬ者もあり、同じ人々が一緒にいることはない」ということである。すなわち、自然は変わらないのに、人はどうして衰え亡くなっていくのかと嘆いた詩句である。美しい詩句の中に、この世の無常を教えている。

最近の私は、まさに大忙生《たいぼうせい》であった。忙しさの中に浸っているようで、そのせいだったのか、ついに二月下旬に一週間ほど入院してしまった。首筋がはれ、首が回らなくなったのである。診断では無菌性髄膜炎の疑いといわれた。入院中、病院の窓から見える新幹線を見ると、仕事で東京へ行く元気な姿の自分が思い出され、健康のありがたさをしみじみと感じた。また、遠くに雪でおおわれた山が見えたので看護師さんに尋ねたら、長野県木曽の御嶽山《おんたけさん》とのこと。雲のない日にはこんな遠景も見え、また、普段何気なく見ていた景色が、こんなにすばらしいものかと思ったものであった。

禅僧が、悟りの心境を一語で表わす言葉を「一転語《いってんご》」という。その一転語に「忙中多閑《ぼうちゅうたかん》」がある。心の持ち方で、忙しさの中にも静けさや閑かさが多くあるという意味であり、その閑を大切にしなさいというのである。

私はこの言葉を知りながら、身も心も忙々忙中にあった。入院した部屋は、母が入院していた時の部屋であった。たまたまその部屋しか空いておらず、まさか母と同じ部屋に入院するとは思ってもいなかった。しかし、それは母が同じ部屋に私を呼んで、「少しゆっくりしなさい。休みなさい」と私の健康について忠告しているようにも思えた。これからは、「忙中多閑」の意味を改めて思い直し、健康に留意し、心のゆとりを持って精進していきたいと思っている。

ごきげんよう

今年も暑いお盆を迎えた。特に名古屋の暑さは全国でも五本の指に数えられるほどの暑さである。

戦国時代、織田信長の兵による焼き討ちにあった山梨県恵林寺《えりんじ》住職・快川紹喜《かいせんじょうき》和尚は、燃え盛る山門に登り、「心頭滅却すれば火も自ずから涼し」と述べ、炎の中で亡くなった。暑い暑いと思うから暑いわけで、心の分別《ふんべつ》や妄想を断ち切り滅すれば、暑さも寒さもないのである。しかし、私たち凡人はなかなか快川和尚の心境にはなれない。暑いものは暑く、寒いものは寒い。クーラーのある部屋に一目散である。

　お盆は正月とともに日本の仏教行事を代表するものである。都会で働いていた人々が一斉に故郷へ里帰りし、久しぶりに家族・親戚・友人らに会って互いの近況を語り合う。また、亡くなった人の霊も里帰りするといわれ、亡き人々との思い出話も尽きない。そのためお盆は、生者と死者がともに過ごす時とされ、日本の年中行事で最も宗教的な時期ということができよう。

恵林寺山門

　お盆の由来を尋ねると、本来は「盂蘭盆《うらぼん》」といい、インドのサンスクリット語の「ウランバナ」の音訳を略したものである。しかし、最近ではイラン語の「ウルバン」（死者の霊魂）という説もある。ウランバナは「倒懸《とうけん》」と訳し、逆《さか》さにつるされた苦しみを意味する。『仏説盂蘭盆経』によれば、釈尊の弟子・目連《もくれん》尊者が餓鬼道《がきどう》に墜ちて苦しんでいた亡き母を救うために、多くの修行僧に供養して、その功徳《くどく》により亡き母を倒懸の苦から救ったと説かれている。

　そのため多くの寺院では、施食会《せじきえ》の法要が営まれる。各家では、十三日に精霊《しょうりょう》を迎える「迎え火」を焚き、三日間、家で先祖の霊とともに過ごし、十五日には「送り火」を焚いて精霊を送る。地域によっては、戻ってきた先祖の霊を慰めるための盆踊りがあり、京都では五山の大文字送り火、長崎では精霊流《しょうろう》し・灯籠流しといって、花で飾った精霊船に位牌《いはい》を乗せて川や海に流す。

盆の期間中に私は棚経《たなぎょう》に回る。棚経とは、先祖を迎えるにあたり作られた盆棚・精霊棚の前、すなわち棚の前であげるお経ということからいわれている。棚経が始まったのは江戸時代の初期で、檀家制度の確立とともに一般化してきた。私にとって一年中で最も忙しい時期で、体力勝負である。「こんなに暑いのに法衣を着て大変ですね」といわれ、同情されることもあるが、僧侶のユニフォームでありコスチュームでもあるため、Tシャツと半ズボンというわけにはいかない。ただし、衣材は夏バージョンの紗《しゃ》であるため、冬物に比べれば、少しは涼しそうに見える。

棚経には、普段御無沙汰をしている家にもお参りに行くため、一年に一度の大切な情報交換の時でもある。短い時間であるが、「暑い」という気候の話題から現代の世相など幅広い会話ができ、大変勉強となる。しかし、今年の棚経はできたが、来年も同じようにできるかというと、それはわからない。今年のお盆を迎えた人が、来年には迎えられる人になるかもしれない。そこで、私は汗をふきふき、「来年も会えることを楽しみにしています」といって、思わずＮＨＫの朝の連続ドラマ小説で流行している「ごきげんよう」と挨拶して、次のお宅へ向かった。

宮崎奕保禅師の教え

以前、ＮＨＫで大本山永平寺の七十八世貫首・宮崎奕保《えきほ》禅師の特集が放映された。「永平寺百四歳の禅師」と題し、宮崎禅師を通して禅とは何か、人が生きる道とは何かを探った番組で、好評のため何度も再放送されＤＶＤにもなっている。しかし、禅師は平成二十年一月五日に、一〇八歳で長い人生に幕を閉じた。

私はこの特集が大変印象深く、今なお強く心に残っていることがある。その一つは、禅師が自分の師僧のことを語っておられたことである。禅師の師僧は、八十歳になっても雲水《うんすい》修行僧と同じものを食べ、同じ生活をしており、日常の手本であられた。口だけでなく実行で示された師僧であった。自分も師僧のような坊さんになりたいと思っていたそうである。

宮崎奕保禅師

そこで、禅師は師僧の真似をしようとされた。それは、「学ぶ」ということが「真似る」ことに由来しており、一日真似すれば一日の真似、二日ならば二日の真似、ところが、一生真似しておれば、真似が本物になると語っている。師僧の行うことを真似て覚えて実行する。それが自分のものになった時、まさしく学んだことになり、本物となるのである。

　歌舞伎や芝居など伝統芸能といわれるものは殊にそうである。幼少時から芸事を仕込まれる子供に理屈で教えても理解できるものではない。親や師匠の行うことを真似させ、覚えさせる。それが自分のものになった時、やっと一人前になるのである。過日、十一代目市川海老蔵の襲名披露の歌舞伎を見た。当時の海老蔵の所作には若さが見えたが、堂々とした口上・演技はさすがであった。父親の市川団十郎の真似から本物の海老蔵の歌舞伎になったのである。

　次に印象深いことは、対談者である作家の立松和平《たてまつわへい》氏が、禅師に「坐禅している時は、何か考えたりしているのですか」と質問した。すると禅師は毅然《きぜん》として、「何も考えない。考えないけれども、何だかいろいろなものがうろうろしておる。しかし、大切なのは妄想せんことだ。いわゆる前後際断《ぜんごさいだん》だ。その時、一息一息しかないんだ。何か考えたらもうそれは余分だ。体をまっすぐにして、一息一息、まっすぐに坐る」と答えられた。

「前後際断」は、道元禅師が『正法眼蔵《しょうぼうげんぞう》』「現成公案《げんじょうこうあん》」の巻に、「たき木、はひ《（灰）》となる。さらにかへりてたき木となるべきにあらず。しかあるを、灰はのち、薪はさきと見取すべからず。しるべし、薪は薪の法位に住して、さきありのちあり。前後ありといへども、前後際断せり」と説く。薪は燃えて灰となるが、逆に灰が薪にはならない。しかし、灰は後、薪は前と考えるのではなく、薪は薪という存在で、薪の現在の中に過去も未来も含まれている。灰も灰という存在で、灰の現在の中に過去も未来も含まれている。つまり、過去も未来も現在の中に包含《ほうがん》されたもので、現在から切り離された過去や未来は、幻想に過ぎないのである。そのため過去を引きずらず、未来に囚われずに、今を一生懸命に生きることが、「前後際断」である。

一昨年の流行語大賞を受賞した予備校カリスマ講師の林修氏が、受験生からの「何をやるべきかがわかったなら、いつ走り出すのか」の問いに、「今でしょ！」と答えている。これも前後際断である。だからこそ、今を大切に、今すべきことに絶え間ない精進をせねばならないのである。

私は、宮崎禅師の「真似る」ことと「前後際断」の言葉から、改めて禅の教えを学んだのである。

一休の手紙と生き方

過日、テレビの「THE歴史列伝」で、「風狂《ふうきょう》の破戒僧《はかいそう》」として室町時代の禅僧・一休宗純《いっきゅうそうじゅん》（一三九四―一四八一）が取り上げられた。一休といえば、「トンチの一休さん」としていろいろなエピソードがある。小僧の一休が見事な機転によって大人たちをやっつける話などは、実は江戸時代に創られたようで、実際の一休は頂相（肖像画）を見ると、髪はぼさぼさで無精ひげが生え、高僧というよりも奇僧の感じがする。京都府京田辺市《きょうたなべ》の酬恩庵《しゅうおんあん》（一休寺）に安置されている木像は等身大で、頭髪・眉《まゆ》・ひげに一休自信の遺髪を植え込んだといわれており、やはり奇怪に思える。

一休は応永元年（一三九四）に京都で生まれた。父は後小松《ごこまつ》天皇といわれ、母は南朝方の人であったため、皇位継承の問題から六歳で京都・安国寺に出家させられた。十七歳で宗純と改め、二十七歳で悟ったことを証明する印可《いんか》を受けている。六十三歳の康正《こうしょう》二年（一四五六）には、京都南郊の薪村にあった大応国師（南浦紹明《なんぽじょうみょう》）の開いた妙勝寺が廃れていたのを復興し、師恩に酬いる意味から、「酬恩庵」と命名した。ここで一休は晩年を過ごしたが、八十一歳の文明六年（一四七四）には大徳寺（京都・紫野）の住職に招かれ、やむを得ず入寺したが、名刹を嫌い、その日のうちに退去した。同十三年（一四八一）十一月には発病し、同月二十一日に八十八歳で示寂した。

その一休が亡くなる前に、弟子たちへの一通の手紙を認《したた》めた。今後、寺門の運営や難しい問題が生じた時、収めた箱から出して見よとのことであった。一休が示寂《じじゃく》して二、三年後、問題が起きた。弟子たちは一休の知恵を借りようとして、手紙の入っている箱を空けてみると、ただの三句が書かれているだけであった。それは、

大丈夫、心配するな、何とかなる

であった。一休は問題への対応に改めて取り組むのではなく、ありのままに応じたならば、何と

かなっていく。その時、その時を一生懸命に打ち込んでいけば、それで良いと教えている。

一休の一生を一言で表現したならば、次の言葉といわれている。

驕《おご》らず、飾らず、偽らず

人と比較して秀れていると思うと、つい驕りの気持ちがでる。また、自分に持っているもの以上の力があると過信し、飾ってしまう。さらに、状況に応じてはついつい嘘もいう。しかし、一休は虚飾ではなくあるがままに生きた。この一言に一休の人柄、生き様を如実にうかがうことができるのである。

一休の手紙や一生を表現した言葉には、現代を生きる私たちに一つの生き方を教えているように思われる。

織田信長のダジャレ

平成三十一年にＮＨＫで放送された「日本人のおなまえっ」をご覧になっただろうか。その番組に、少しではあるが出演する機会があった。ＮＨＫの人気番組で、毎週木曜日の夜七時三十分から放送されており、人名や物のルーツ、いわれなどが専門家によって紹介され、その語源を聞いて驚くこともある。

昨年九月に白鳥山の書院で撮影を行い、十月下旬の放送予定であった。しかし、北海道の胆振《いぶり》東部地震のニュースが入って放送が延期となり、翌年一月十日の放送になった。そのため、残暑の中での撮影であったので、夏の服装で映っている。

番組のテーマは、「ダジャレネーム」であった。ダジャレといえば、「言葉遊び」とか頭の体操になるのではないかといわれ、人の心を和やかにさせるものである。漢字では「洒落」と書くが、お洒落といえば、普段より少しセンスとか格好を良くすることになる。それに「ダ」がつくと「駄洒落」となり、わざととか故意にする「ギャグ」とも受け取れる。少しダジャレをあげてみると、

平成は　今年で終わり　平静に　　同棲者　ついになれたよ　同姓に
オイお前　聞いてなるほど　老いを前　　鯛の声にしびれる　その日暮らし
焼酎を　しょっちゅう飲んで　アル中に　　高齢者　後期を光輝に　書き換えたい
介護とは　見返り無しと　開悟する　　鍋焼きに　味噌を少々　そこがミソ

などがあり、思わず吹き出してしまうものもある。

このようなダジャレを戦国時代の織田信長が使っていた。それは、『尾張名所図会《おわりめいしょずえ》』巻四の「加藤図書助順盛《のぶもり》」の項に書かれており、次のようなものであった。すなわち、信長が桶狭間《おけはざま》合戦に向かう途中、熱田神宮で戦勝祈願の御神酒《おみき》を受けた。禰宜《ねぎ》に代わって熱田の支配権を握って

いた加藤図書助順盛が酌をすることになり、信長は今日の戦に「かとう」といわれて受けた。つまり、加藤が「勝とう」につながり、信長は幸先がよいと喜んだのである。

では、『桶狭間合戦記』の成立はいつ頃かを見ると、江戸初期に尾張藩初代藩主の徳川義直《よしなお》侯と二代光友《みつとも》侯に仕えた重臣の山澄英龍《やまずみひでたつ》が著わしたものであった。しかし、その後、山澄の自筆本は行方不明となり、それをベースに補足した『桶狭間合戦記』が尾張藩主の侍医《じい》であった山崎真人《やまさきまなと》によって著わされた。それには文化四年（一八〇七）の自序があり、江戸後期成立のものであるが、内容の基本は江戸初期のものであった。

『桶狭間合戦記』を見ると、加藤順盛が酌をするところで、信長は「にっこと笑ひ、今日の軍に加藤《かとう》との給《たま》ひ御酒頂戴ありしとなり」とある。『尾張名所図会』には見えないが、「にっこと笑ひ」発した信長のダジャレは生死をかける合戦に行く前の願掛けであり、おまじないと受け取るものであった。このダジャレによって家臣の士気を鼓舞させ、運もついているところから「にっこ」と笑ったのであろう。番組中、私もダジャレで信長を評した。それは、「家臣の志気を高めた信長は家臣をおだ（織田）てるのがうまい」と。

思わないところから信長のエピソードを調べることになったが、撮影には半日かかった。番組では細かなことの説明は放送されなかったが、放送中に「今、観ています」とか「観ました」との電話がかかってきた。遠く九州の天草をはじめ、老人施設にいる高齢の方からも驚きと喜びの声が届いた。私はゆっくり番組を観ることはできなかったが、後でビデオを観ながらテレビの影響力のすごさを感じるとともに、喜んでいる方もいてホッとした思いを持ったのであった。

笑顔で長寿を楽しむために

長生きはめでたい（寿）ことといわれてきた。古稀《こき》・喜寿《きじゅ》・傘寿《さんじゅ》・白寿《はくじゅ》などと年祝いをする。日本は医学の進歩や医療制度の充実によって世界一の長寿国となった。前例のない高齢社会を迎えた今日、さまざまな問題も生まれてきたため、長寿が必ずしもめでたいとはいえなくなってきたようだ。

「めでたい長生き」のために生き方を考えてみると、「生きる」ということは、その人の存在が誰かの役に立っていることであろう。その時、人は自分の命の重さをひしひしと実感する。では、亡くなる一番よい時はいつであろうか。適当な年齢に亡くなることだが、その適当な年齢が問題なのである。大原則は年齢順に亡くなるのが一番幸福であり、ごく当たり前で平凡なことだが、現実はそうではない。そのため、年齢順の世の中になるよう努力すること、そこに本当の幸福のあることを忘れてはならない。老後はこのことを十分にわきまえて、順番が来たら「お先に」といって死んでいくことであろう。それが「寿命」である。

寿命をまっとうするための具体的な生活は、「清く、正しく、美しい笑顔を絶やさず、感謝の気持ちをもって日々を過ごすこと」だろう。まさに宝塚歌劇団のモットー「清く、正しく、美しく」である。これは現役時代のモットーで、退団後は良妻賢母《りょうさいけんぼ》となる日本女性の育成を目指したものであった。その創始者の小林一三《いちぞう》氏は、阪急電鉄・阪急百貨店・阪急ブレーブス・東宝株式会社・日本軽金属を創設し、東京電灯（後の東京電力）を再建するなど、近代日本を代表する経営者であった。小林に経営戦略のエピソードがある。それは、阪急百貨店の七、八階に大食堂を開き、清潔で安くて美味しいの他に、景色がいいという評判を加えた。人気メニューの一番はカレーライスであった。しかし、貧しい若者たちは本来、カレーライスを食べに来たのだが、お金がないためライスだけを注文して、そこへカレーにかけるためのソースをかけて食べる不埒《ふらち》な連中が現われたのである。そこで食堂の責任者はすかさず、「ライスだけの注文はご遠慮ください」という張り紙をしました。

ところが、これを見た小林は責任者に、「確かに彼らは今は貧乏だが、やがて結婚して子供ができる。その時、ここで楽しく食事したことを思い出し、家族を連れてまた来てくれるだろう」といい、責任者に「ライスだけのお客さまを歓迎します」という張り紙に張り替えさせた。そればかりか、新聞にも歓迎することを広告したのである。さらに、ライスだけの客には、福神漬けも添えるように指導した。

ある時、ライスだけを注文したのに福神漬けがついていないと怒鳴りだした客がいた。すると、すぐに車掌風の制服姿の男が現われ、わけを聞くと皿いっぱいの福神漬けを差し出し、「これで気持ちを直してください」といったという。何と、それが小林一三だったのだ。慈善食堂のようだが、決してそうではなく、阪急ファンを新たに作り出し、永遠化するための経営戦略の一環だったといわれている。したたかのように受け取られるが、目先だけの利益を考えるのではなく、長い先を見据えた行動だったのである。「損して得（徳）をとれ」の教えを、私たちも学ぶべきところであろう。

池江璃花子選手のメッセージとコロナ禍

今年（令和二年）の夏は、本来ならば東京オリンピック・パラリンピック一色であったといっても過言でない。続々と生まれる世界新記録、人間のできる限界に挑戦するアスリートたちの活躍に一喜一憂していたことであろう。新型コロナウイルスの感染拡大により、来年の夏に延期となったが、現在の状況では一年後も危ぶまれる。

日常的に行われていたことができなくなり、平凡な毎日がいかに幸福であったかを思い知らされた。開会式の行われる予定であった前日の七月二十三日に、メインスタジアムの国立競技場で、白血病からの復帰を目指す競泳の池江璃花子選手が世界にメッセージを発信した。私はそれをテレビや新聞で見て心を打たれた。世の中が大変な時期にスポーツの話をすること自体否定的な声があり、ましてや五輪開催に批判的な意見が飛び交う現状から目を背けずにいるアスリートの声を聴くことができた。すなわち池江選手は、

大きな目標が目の前から、突然消えてしまったことは、アスリートたちにとって、言葉にできないほどの喪失感だったと思います。私も、白血病という大きな病気をしたから、よくわかります。思っていた未来が、一夜にして、別世界のように変わる。それは、とてもきつい経験でした。

と、自身が病で東京五輪への出場を断念した経緯と大会延期を重ね合わせた思いを代弁したのである。本来なら観客で満員の国立競技場は、無観客で華やかな開会式のセレモニーもない。フィールドの中央で池江選手は願いを込めて、

今から、一年後、オリンピックやパラリンピックができる世界になっていたら、どんなにすてきだろうと思います。今は一喜一憂することも多い毎日ですが、一日でも早く平和な日常が戻ってきて欲しいと、心から願っています。

という。自分は四年後のパリ五輪を目指して本格的な練習を再開した。世界のアスリートもさまざまな制約がある中で練習を続けている。さらに、

ただ、一方で思うのは、逆境からはい上がっていく時には、どうしても、希望の力が必要だということです。希望が、遠くに輝いているからこそ、どんなにつらくても、前を向いて頑張れる。私の場合も、もう一度プールに戻りたい、その一身でつらい治療を乗り越えることができました。

と述べ、希望が遠くに輝いているから前を向いて頑張れるという。最後に、

一年後の今日、この場所で希望の炎が、輝いていて欲しいと思います。

と訴えた。

コロナ禍の中、その逆境からはい上がっていかねばならない私たちは、現実をあるがまま見て行動する諦観《たいかん》が必要である。「諦」は現状を明らかにすることで、諦めることではない。物事への執着《しゅうじゃく》を捨てて、真理を正しく見ることである。

過日、関東地方の実家に住む親族が亡くなり、葬儀に参列するか悩んでいる方がいた。東京でのコロナ感染が拡大する中であったため、周りには参列しなくてもいいといわれた。しかし、入院中に見舞いも行けず、県をまたぐ移動に後ろめたさを感じつつも、できる限りの感染防止対策をとり、帰省して参列した。近親者のみの葬儀であったが、故人に会えていろいろなことが思い出され、参列してよかったといっていた。

このように、葬儀に出席するという当たり前のことですら後ろめたさを感じる今日であるが、

人の心だけはコロナに侵されたくないものである。池江選手のいうように、一日でも早く平和な日常が戻ってきてほしい。

禅語による心の涼しさ

猛暑である。毎日暑い暑いといいながら、テレビで知らせるコロナ感染者の数を気にしながら、オリンピック選手の活躍に一喜一憂している。勝てば大拍手で熱はますます上る。負ければ残念無念である。アスリートは、勝っても負けても一生懸命に戦いをくり返している。オリンピック競技の時に最高の演技をせねばならない。しかし、期待されることに強いプレッシャーを感じ、実力が発揮できない選手もいる。火事場の馬鹿力ではだめである。当日の体調、会場の雰囲気など、精神力の強さも勝負を分ける一因となろう。選手が背負った思いは選手でなければわからないが、メダルに届かなくても、それまでの鍛錬《たんれん》、精進《しょうじん》に敬意を表したい。

暑い夏ではあるが、心だけでも涼しくならないかと思い、禅の言葉を探してみた。すると、「夏日清風来」（かじつせいふうきたる）があった。暑い夏の日に風が吹き渡ってくると、何とも涼しく清々しい。これは酷暑を経験しているからこそ、風が清々しく感じられるのである。

何事も成し遂げると達成感・満足感がある。必死に苦労して取り組んだからこそ、さわやかな気持ちになれる。生半可な気持ちで適当にやっていたのではさわやかさは味わえない。

もう一つは、

「樹蔭納涼」（じゅいんにりょうをいる）である。木陰で涼しさを楽しむ光景は、ほとんど見られなくなった。たいていの家には冷房が完備され、外から帰って部屋に入れば一度に汗が引くほど涼しい。自然の摂理からいえば、暑い時には暑さを感じ、寒い時には寒さを体感する。しかし、現代では季節と反対に涼や暖をとっている。

厳しい夏の暑さを感じた後だからこそ、夕涼みの涼しさや木陰の涼しさが倍にもなって感じるのではなかろうか。心のリフレッシュのために今一度、自然に帰って夏の暑さを体感するのも必要ではないか。ただし、熱中症にならないように注意して。

梅のように生きる

福井県の永平寺を開いた道元禅師（一二〇〇―五三）は、四季を次のような和歌に詠っている（『傘松道詠集』）。

春は花、夏ほととぎす、秋は月、冬雪さえて冷《すず》しかりけり

この歌は、四季を自然のあるがままの姿で述べている。春になったから花が咲くのではなく、花が咲くから春なのである。ホトトギスが鳴くから夏であり、月が美しいから秋なのである。雪が冷たく冴えるところから冬なのである。小説家の川端康成は、ノーベル文学賞を受賞した時、記念講演の最初にこの和歌を引用し、四季の美しい日本を全世界に紹介している。

禅に、「梅は寒苦を経て清香を発す」という言葉がある。梅は厳しい冬の風雪にさらされながらもそれに耐えて、春になると一番に小さな花をほころばせ、清らかな香りをただよわせるという意味である。以前、こんなことに気がついた。その年は暖冬であったため、梅の色に鮮やかさがなかった。やはり、厳しい寒さの冬を越えてこそ美しい色の花を咲かせ、清らかな香りをただよわすものと思ったのである。

では、春が来て咲く無数の花は、誰のために咲いているのか。それは、誰のためでもなく、「咲く」という自分の本分をまっとうしているだけなのである。それを禅では、「百花春に至って誰が為にか開く」という。人はほめられたい、良い評判を得たいという思いで行動する。しかし、咲く花は、見る人から「何と美しい」と称賛されたくて咲いているのではない。ただ自然の摂理で咲いているのである。周囲の目は意識せず、一生懸命に物事をやればよい。花もやるべきことをやっているだけで、その姿が美しいのである。何事にも囚われることなく、目の前のなすべき

ことを一生懸命に行えばよいということを自然から教えられているのだ。

コロナ禍で堪え忍ぶ毎日だが、梅のように厳しい寒さもじっと堪え、収束する頃には清らかな香りがただようように生きていきたい。

黙食

コロナ禍となり本年（令和四年）で三年を迎えた。コロナによって社会のシステムや取り組み方、人間の考え方もかなり変わってきた。行動制限などの対策を世界で取り組んだが、残念ながらいまだコロナ禍中にある。最近では、経済との関係から対策が緩和され、各種のイベントや観光地は大変賑やかである。心配しながらもホッとした気分になっていることは確かであろう。

白鳥山の施食会は、毎年八月二十一日の午前九時から午後三時まで修行しており、多くの参詣者で賑わう。しかし、一昨年からコロナ対策として二日間の午前中に行うこととした。参詣する時間のアンケートを取り、密にならないよう工夫してクラスターの発生を防いでいる。とりあえず今できることの対策をとっている。

さて、コロナ禍になってレストランや食堂などで「黙食」の看板が目立つ。食事しながらの会話での飛沫感染を防ぐためで、「黙って食事を摂る」ことである。「黙食」は令和三年度の新語・

流行語大賞のトップ10に入るほど身近な言葉になった。観光地のホテルや旅館では、それ以外に「黙浴」とか「黙蒸」の張り紙も見える。入浴やサウナに入っている時の会話も控えてやめようというのである。

食事や入浴などは談話・談笑しながら楽しく過ごすひとときで、もっともリラックスできる時でもある。したがって、その制限は異常ともいえよう。

ところが、「黙食」を認める生活がある。それは禅宗の修行僧の生活で、その道場を「三黙道場」という。僧堂（坐禅したり食事するところ）・浴室（風呂）・東司《とうす》（トイレ）の三カ所では、談話をしてはいけないのである。

福井県の永平寺での修行生活では、食事の際、噛む音を立てることさえ慎み、一口ごとに箸やさじを置いて食材を味わう。つまり、食事という「食べる作法に集中する」修行である。食前には「五観《ごかん》の偈《げ》」を唱える。それは、

一には、功の多少を計り彼の来処《らいしょ》を量る。
二には、己が徳行の全欠を忖《はか》って供《く》に応ず。
三には、心を防ぎ過《とが》を離るることは貪等《とんとう》を宗《しゅう》とす。
四には、正に良薬を事とするは形枯《ぎょうこ》を療ぜんが為なり。
五には、成道《じょうどう》の為の故に今此の食を受く。

とあり、これからいただく食事に思いを馳せて感謝する。次に、自分がこの食事をいただくのに値するかを省みる。そして食べてつないだ生命を、これからも大切にして生き続けることを誓うのである。

黙って食べるなら食欲に振り回されることなく食べたい。禅宗の作法によれば、生命をいただくという意識が持てるようになる。一つ一つの食材の持つ味を感じ取ることができれば、欲に囚われることなく生きることができるのではないか。「黙食」によって目の前の食事に集中し、日々を大切に生きるきっかけを見つけてみたらどうだろうか。

6　やさしく説く曹洞宗

曹洞宗の歴史

◆鎌倉時代

曹洞宗は、法灯の祖である道元（一二〇〇―五三）と、その教えを全国に広めて、寺灯の祖といわれた瑩山紹瑾《けいざんじょうきん》（一二六四―一三二五）を両祖とし発展してきた。

道元の開いた永平寺、瑩山の開いた總持寺を両本山と称しているが、両本山各々の二世となった孤雲懐奘《こうんえじょう》（弉）（一一九八―一二八〇）と峨山韶碩《がざんじょうせき》（一二七六―一三六六）がいなかったならば、今日の曹洞宗は存在し得なかったであろう。

懐奘は、『正法眼蔵随聞記《しょうぼうげんぞうずいもんき》』を筆録したのをはじめ、『正法眼蔵』を書写・校訂したり、『宝慶記《ほうきょうき》』『永平広録』を編集するなど、道元の教えを後世に伝えるために尽力した。道元の没後、永平寺を継ぎ弟子たちを統括している。

第三世徹通義介《てつつうぎかい》（一二一九―一三〇九）は、懐奘の命を受けて京都五山の伽藍を視察し、入宋《にっそう》して五山十刹《ござんじっさつ》の諸伽藍も見聞してきた。永平寺に山門を建て、四節の礼や儀式も調えている。しかし、六年間で永平寺を退き、加賀に大乗寺を開いて第一祖となった。その理由は、永平寺第四世となった義演（?―一三一四）およびその随身の義介に対する感情・思想の違いからといわれ、義介と義演の確執は「三代相論《さんだいそうろん》」と称された。

この義介の門下より瑩山が出て、道元の思想信仰を所依とする〝道元宗〟の教団は、中国五家の一派である曹洞宗教団として一歩を踏み出した。

瑩山は義介・懐奘に随った後、東山湛照《とうざんたんしょう》・白雲慧暁《はくうんえぎょう》・無本覚心《むほんかくしん》ら臨済宗諸師の門をたたいている。しかも、彼らはすべて禅密兼修の人で、瑩山の宗風形成に多くの影響を及ぼした。

瑩山は大乗寺に転住した義介の下《もと》へ帰り後席を継いだが、後には能登の永光寺《ようこうじ》・總持寺を開いている。瑩山は呪術や祈禱をとり入れて民衆の要望に応えており、さらに世間的進出を行い、伽藍の興隆と教線の拡張に努めた。

この門下に明峰素哲《めいほうそてつ》（一二七七―一三五〇）と峨山韶碩の二大弟子が出た。明峰は二十六人の弟子をつくり、「明峰十二門派」といわれる十二人の弟子を中心に、大乗寺・永光寺の運営を合議制による輪住《りんじゆう》制度と規定し、北陸・東北・九州地方に教線を伸ばした。弟子に洞門第一の詩僧といわれる祇陀大智《ぎだだいち》（一二九〇―一三六六）を出しており、仮名法語や坐禅法語を著わした。一方の峨山は、「二十五哲」と称される門弟を養成し、總持寺を根拠地として明峰と同じように合議制による寺院運営を規定した。また、学人指導の方策として、禅の理論の一つである五位説をとり入れており、中世後期の曹洞宗学は五位を中心に展開された。

◆南北朝・室町時代

南北朝・室町時代は戦乱が相次ぎ、人心が荒廃した時である。そのため教線拡張は、道元の只管打坐《しかんだざ》の仏法でなく、時代および社会の要求に応ずる瑩山の密教禅によるものであった。加持祈禱による悪霊や鬼神の退治、医療施薬による病気平癒、下火《あこ》・秉炬《ひんこ》（火葬のとき、導師が火をつける作法）などの仏事による葬礼儀式の創始など、教化の対象を庶民階級に及ぼしたのである。

また、各地の寺院で豪族の支援により江湖会《ごうこえ》（僧が九十日間一カ所に集まり、坐禅修学する会）が盛んに行われるようになった。もちろん、庶民も何らかの形で参与しており、叢林《そうりん》（坐禅修行する道場）の社会化として注目すべきものであった。さらに授戒会《じゅかいえ》も盛んに行われるようになり、出家・在家に限定されることなく、多数の人が同時に受戒できた。このような江湖会・授戒会は教団発展の教化策として行われていたが、戦乱の世の合間に心ある宗侶によって『正法眼蔵』の編集・謄写《とうしゃ》も行われていた。また、公案《こうあん》も流行し、参究の手引きとした門参《もんさん》なるものも生まれてきた。

教団としては、永平寺が義演・寂円《じゃくえん》などの一派によって維持されたが、總持寺は峨山の没後、弟子の太源宗真《たいげんそうしん》・通幻寂霊《つうげんじゃくれい》・無外円昭《むがいえんしょう》・大徹宗令《だいてつそうれい》・実峰良秀《じっぽうりょうしゅう》の五哲によって塔頭《たっちゅう》が開かれ、各々の門流から塔頭に輪住し、五師の合議によって経営された。こうして、全国に展開された峨山の弟子の門流が、總持寺を中心とした一大曹洞宗教団に発展していったのである。

◆江戸時代

江戸時代は幕藩体制の下に寺院諸法度《はっと》・寺社奉行が設けられ、全国統一的な管理体制が敷かれた。曹洞宗もその管轄下に置かれ、下総国《しもうさ》（現在の千葉県）の総寧寺《そうねいじ》、武蔵国《むさし》（現在の埼玉県）の龍穏寺《りゅうおんじ》、下野国《しもつけ》（現在の栃木県）の大中寺《だいちゅうじ》の関三刹《かんさんせつ》が寺院を統括する僧録《そうろく》となった。元和《げんな》元年（一六一五）七月には永平寺・總持寺に法度が下され、紫衣《しえ》出世道場として再確認されている。

両本山を中心とする本末関係が成立し、全国に録所を設けて曹洞宗の統制が図られた。また、檀家制度により信仰が家単位に固定化された。

宗団内部では、両本山をはじめ各地の大寺院の格式をめぐって対立が激しくなった。一般寺院僧侶も本来の教化活動には無関心となり、世俗的な栄誉・利権の争奪に走った。

承応《じょうおう》三年（一六五四）、隠元隆琦《いんげんりゅうき》が明《みん》から渡来し、黄檗宗《おうばく》を開いた。これは禅宗の革新に刺激を与えた。そこで、弊風を改革する宗統復古《しゅうとうふっこ》運動が生まれた。特にこの運動に身を捧げた月舟宗胡《げっしゅうそうこ》（一六一八—九六）・卍山道白《まんざんどうはく》（一六三六—一七一五）らは、宗門の嗣法《しほう》・禅戒・清規《しんぎ》について、道元の古《いにしえ》に復することを主張した。

内容を見ると、嗣法は人に属するもので、伽藍に属するものではないとする一師印証《いっしいんしょう》・面授嗣法。禅戒は、禅と戒は一体と説き、禅外無戒《ぜんがいむかい》による禅即戒《ぜんそくかい》。清規は道元の清規への復古を主張したが、卍山は黄檗禅を取り入れたため、面山瑞方《めんざんずいほう》（一六八三—一七六九）や玄透即中《げんとうそくちゅう》（一七二九—

一八〇七）によって批判を受けている。

一方、幕藩体制下における教団の外部に立場を置き、清貧と愚直、孤独と激烈、風狂と文武に個性的な生き方をした鈴木正三《すずきしょうさん》・乞食桃水《こじきとうすい》・大愚良寛《たいぐりょうかん》・風外本高《ふうがいほんこう》・物外不遷《もつがいふせん》などを輩出したことも忘れてはならない。

幕府の学問奨励政策により、曹洞宗学の参究が活発となった。江戸の吉祥寺には旃檀林《せんだんりん》、青松寺《せいしょうじ》の獅子窟《ししくつ》、泉岳寺の学寮などは有名で、全国から学僧が集って道元と瑩山の伝記・著作・思想の研究を行った。また、経典や祖録の出版も盛んに行われた。しかし、訓詁《くんこ》注釈学が中心となっていたため議論は専門的になり、檀信徒教化は怠りがちであったこともこの時期の特徴といえよう。

◆明治時代以降

明治政府の近代化政策の一つであった神仏分離令《しんぶつぶんりれい》は、仏教教団の惰眠《だみん》を覚醒し、改革刷新を促す機会となった。僧侶の肉食妻帯《にくじきさいたい》・蓄髪《ちくはつ》の自由を認める太政官布告《だじょうかんふこく》は、僧風を一変し在家化した教団に変えていった。曹洞宗も例外ではなく、明治元年には関三刹の僧録による支配体制を改め、永平寺を総本山として總持寺の本山職を変えようとした。そのため總持寺側から異議が出され、両本山の争権が続いた。

同五年には両寺一体の行政とする両山盟約が結ばれた。その後、總持寺独住制の開始、宗務局の設置、第一次末派総代議員会議の開催など、制度や組織が改革されて教団の新体制づくりがすすめられた。

同十二年には、両寺一体を根底にした十一カ条の「両山盟約書」が発表され、同十五年には「曹洞宗本末憲章」が発布されて、近代曹洞宗教団の根幹となった。同十八年には「曹洞宗宗制」が制定され、住職の任免、教師等級の進退などに関する権限を管長に委任するに至った。この宗制は後に改正されて、同三十九年には「曹洞宗宗憲」として告諭発布され、ここに宗門制度の近代化の基礎が築かれたのである。

その間の同二十五年には、總持寺の分離独立運動が起こり、分裂の危機に直面した。しかし、政府の干渉によって協和妥協されている。また、大内青巒《せいらん》は『正法眼蔵』の要所を抜粋して、教化の指導書とした『洞上在家修証義《とうじょうざいけしゅしょうぎ》』を出版した。それを滝谷琢宗《たきやたくしゅう》・畔上楳仙《あぜがみばいせん》の両本山貫首が修正し、同二十三年には『曹洞教会修証義』を公布して、僧侶中心の教団から檀信徒を含んだ教団へと転換していったのである。

同三十一年には、能登の總持寺が火災に遭い、十三年後の同四十四年に石川素童《そどう》の英断によって現在の神奈川県横浜市鶴見区に移転した。

大正十四年には両祖の称号を統一し、道元を高祖《こうそ》承陽大師《じょうようだいし》、瑩山を太祖《たいそ》常済大師《じょうさいだいし》と規定した。

昭和の戦前までの二十年間は、国家政策に歩調を合わせた活動を行っており、道元に関する多くの著作が出版された。また、道元讃仰《さんぎょう》会が組織され、眼蔵会《げんぞうえ》も盛んに開かれた。

終戦後は新しく宗教法人法が制定され、それにともなって曹洞宗宗憲・宗法が制定・発布された。昭和二十七年には道元七百回大遠忌《おんき》を修行した。道元の祖跡にも関心が向けられ、その修復と顕彰に努力された。

その後、瑩山六百五十回、峨山六百回、懐奘七百回の各大遠忌も盛大に挙行され、平成十四年には、道元七百五十大遠忌が修行された。永平寺伽藍の改修や整備が行われ、歌舞伎「道元の月」の講演など、文化事業も活発に行われた。

同二十年には、永平寺三世義介七百回忌が永平寺や開山地の金沢・大乗寺で修行され、同二十三年には總持寺が能登より鶴見に移されて一〇〇年に当たるところから、御移転百年報恩法会が勤められた。

近年では、アメリカ・ヨーロッパをはじめ、海外への布教も盛んに行われており、全世界に曹洞禅の教化が行われている。

臨済宗・曹洞宗・黄檗宗の違い

◆日本の禅宗三宗

日本の禅宗は、臨済宗・曹洞宗・黄檗《おうばく》宗の三宗がある。坐禅を重視しているのは共通であるが、そのとらえ方は違っている。曹洞宗では、坐禅は悟りのための修行ではなく、それ自体が仏性《ぶっしょう》をあらわす行《ぎょう》と考える。それに対し臨済宗では、坐禅をして公案《こうあん》を思索する。しかし、公案は非合理の内容を持つものであるため、理屈では解決できず、坐禅をして公案と自分とが一体になるよう努力する。また黄檗宗は、中国では臨済宗の流れに属するものであったが、隠元によって伝えられた禅風が特異なものであったため、日本では臨済宗から独立して一宗となった。

◆禅宗三宗の宗祖

宗祖を見ると、臨済宗は中国唐代の臨済義玄《りんざいぎげん》を派祖とし、その禅を日本に初めて伝えた明庵栄西《みょうあんえいさい》（一一四一—一二一五）が日本臨済宗の宗祖である。

備中の人で、延暦寺において剃髪授戒《ていはつじゅかい》し、天台教学と密教を学んだ。二十八歳の仁安三年（一一六八）に宋へ渡り、天台山《てんだいさん》や阿育王山《あいくおうざん》で修学し帰国した。文治三年（一一八七）の二度目の入《にっ》宋《そう》の時、天台山の虚庵懐敞《きあんえしょう》に参禅して黄龍派《おうりゅうは》の禅を伝え、帰国して博多に聖福寺《しょうふくじ》を開き、京都では天台宗祖の最澄も禅を伝えたことを主張して、禅の布教に努めた。しかし、達磨《だるま》宗の大日房能忍《だいにちぼうのうにん》とともに禅宗停止《ちょうじ》の宣旨《せんじ》が下され、鎌倉へ行って北条政子の外護によって寿福寺《じゅふくじ》を建立し、源頼家の外護により京都に建仁寺《けんにんじ》を開創した。東大寺勧進職《かんじんしょく》にも就き、旧仏教との関係を保ち続けながら、政治権力とも結びついて日本に根を下ろすこととなった。

曹洞宗の宗祖は、中国の洞山良价《とうざんりょうかい》と曹山本寂《そうざんほんじゃく》を派祖とした流れをくむ如浄《にょじょう》に師事して日本に伝えた道元（一二〇〇―五三）と、その教えを多くの門派の人々により発展させた瑩山紹瑾《けいざんじょうきん》（一二六四―一三二五）の両祖である。

道元は正治二年（一二〇〇）に父・内大臣久我通具《こがみちとも》（一説、通親《みちちか》）、母・藤原基房《もとふさ》の娘の子として誕生した。幼くして両親を失い、十四歳で天台座主《ざす》・公円《こうえん》について剃髪し、仏門に入った。園城寺《おんじょうじ》で公胤《こういん》にも天台教学を学んだが、その後、建仁寺の栄西の弟子・明全《みょうぜん》に参じた。

貞応《じょうおう》二年（一二二三）には明全とともに宋へ渡り、諸山を歴訪した後、天童山景徳寺《てんどうさんけいとくじ》の如浄と出合った。如浄の下で参禅学道に努めること二年余、如浄の法を嗣いで帰国した。その後、道元は建仁寺に寄寓《きぐう》して『普勧坐禅儀《ふかんざぜんぎ》』を著わした。天福元年（一二三三）春、深草に興聖寺《こうしょうじ》を開創し、僧堂を建てて本格的な修行の指導を行い、『正法眼蔵《しょうぼうげんぞう》』の撰述示衆《じしゅ》を始めた。

寛元元年（一二四三）には、檀越《だんのつ》の波多野義重《はたのよししげ》の招きによって越前に移り、翌年には大仏寺を開創し、同四年には寺名を永平寺と改めた。建長五年（一二五三）には病気療養のために京都へ上り、八月二十八日に亡くなった。

一方、瑩山は越前の出身で、八歳で永平寺に入って得度し、徹通義介《てつつうぎかい》や智深寂円《ちしんじゃくえん》に参学した。また、東山湛照《とうざんたんしょう》や白雲慧暁《はくうんえぎょう》・無本覚心《むほんかくしん》ら五山臨済僧にも参禅しており、後に加賀大乗寺開山となった義介の法を嗣ぎ、同寺二世となった。さらに阿波城満寺《あわじょうまんじ》、加賀浄住寺《じょうじゅうじ》、能登永光寺《ようこうじ》・總持寺などを開き、特に永光寺と總持寺は明峰素哲《めいほうそてつ》と峨山韶碩《がざんじょうせき》が後席を嗣ぎ、門下も発展して曹洞宗教団の大勢を占める瑩山門派の二大拠点となった。

宗風は密教を受容しており、女人救済も行い、公案看話《かんな》の禅も採用していた。そのため、道元の立場とは対照的なものとなった。瑩山は、正中二年（一三二五）八月十五日に亡くなっている。

黄檗宗の宗祖・隠元隆琦《いんげんりゅうき》（一五九二―一六七三）は、承応《じょうおう》三年（一六五四）に来日した。中国から浄土信仰をとり入れた新しい禅風をもたらしたが、開宗せんとして来日したのではない。臨済宗楊岐派《ようぎは》の流れをくむ費隠通容《ひいんつうよう》の法を嗣いでおり、福建省の黄檗山万福寺《おうばくさんまんぷくじ》に晋住《しんじゅう》している。来日のきっかけは長崎に在留していた中国人たちの招請で、明暦元年（一六五五）には、摂津の普門《ふもん》寺《じ》に住し、万治元年（一六五八）には江戸へ出て四代将軍・徳川家綱《いえつな》に謁し、後水尾《ごみずのお》天皇など公武の篤い帰依を受け、寛文元年（一六六一）には宇治に黄檗山万福寺を創建した。殿堂や規矩《きく》はすべて明朝《みんちょう》風になっており、当時の禅宗界に大きな影響を及ぼした。日本に在住すること二十年、延宝元年（一六七三）四月三日に八十二歳で亡くなった。

◆坐禅に対する考え

坐禅に対する考えは、臨済宗が看話禅《かんなぜん》、曹洞宗は黙照禅《もくしょうぜん》、黄檗宗は看話禅であるが、念仏禅ともいえる。

臨済宗の看話禅は公案禅ともいい、禅の目指す大悟を得る手段に古則公案《こそくこうあん》を用い、これを工夫参究し、見性《けんしょう》することを目的とする禅である。そのため古人が示した悟りの言葉からとった公案を師家《しけ》から与えられ、それを解いていく。公案を与えられたものは、坐禅を組んで解決に全力をあげ、真理を体得していく。師は弟子の答えによってその到達度を判断し、一つの公案が解かれたならば、次の段階の公案を与える。それらの公案を解くと、「大事了畢《だいじりょうひつ》」と称して印可《いんか》が与えられるのである。

曹洞宗の坐禅は黙照禅である。公案を用いたり目的を果たすための坐禅するのではなく、壁に向かってひたすら坐禅することで、仏性を見出すのである。これを「只管打坐《しかんだざ》」という。これにより身心脱落して身も心も忘れさり、悟りを得ることができるとされる。つまり無所得・無所《むしょ》求《ぐ》・無所悟《むしょご》を基本とし、悟りや功徳《くどく》を得ることを目的に修行してはならないとするのである。ただひたすらに今を身心脱落の状態で修行に打ち込む。その坐禅のみが悟りにつながっていくのである。

坐禅は仏となるというような目的を持つ修行ではなく、坐禅を行い、自己と宇宙が一体となっていくその姿が仏そのものだと教えている。道元はこれを「即心是仏《そくしんぜぶつ》」といい、日常生活のすべてを修行とみなした。そのため修行と悟りは同じとする「修証一如《しゅしょういちにょ》」の下に仏行を行ずると説く。

黄檗宗は臨済宗の流れから出たため、坐禅は看話禅であるが、その教えは浄禅一致、つまり浄土教と念仏・真言・道教などを融合させたところに特徴がある。そのため、日本の臨済禅とは異なったものである。

隠元は、「一心浄土の法門、弥陀の聖号《しょうごう》を示す」といい、「南無阿弥陀仏」の名号《みょうごう》を用いながら坐禅を行う念仏禅によって信心に至れば、そこに悟りが開かれると説いた。すなわち、一心の外に浄土はなく、一念の外に仏になる道はない。六字の名号を唱えて仏心を明らめるのである。ただ、念仏といっても浄土系の他力の考えとは異なり、坐禅といっても臨済宗・曹洞宗とは異なる。法要儀式では、梵唄《ぼんばい》といわれる読経《どきょう》が唐韻《とういん》で行われており、朝課には「浄土往生呪」、晩課には「仏説阿弥陀経」などが読まれ、禅浄習合となっている。

◆坐禅作法

坐禅は本来、坐禅堂（禅堂・僧堂）で行うが、臨済宗と曹洞宗では、堂への入り方や坐禅を行う単《たん》への上がり方が違っている。最も違う点は、曹洞宗が壁に向かって坐禅を組むのに対し、臨済宗は修行者が対面して坐る。そのため、警策（臨済宗は「けいさく」、曹洞宗は「きょうさく」）の受け方もまったく違うのである。

臨済宗では、指導者が警策を坐禅する者の右肩に当てて予告すると、互いに合掌して低頭し、左手を右の肩にあてがい、頭を下げて警策を受けやすくする。まず、左肩に警策を受け、続いて右肩に受ける。受け終われば、修行者と指導者は互いに合掌低頭する。

それに対し曹洞宗では、背後より右肩に一回のみ警策を振る。そのため、修行者は首を左に傾け、合掌しつつ受ける。受け終わったならば合掌低頭する。

次に一定時間坐禅を行った間に行う経行《きんひん》も違う。曹洞宗は「一息半歩」といって、一呼吸に足の長さの半分だけ歩みを進める。臨済宗は指導者に従って一礼し、速めに歩く。普通は坐禅堂の外に出て周囲を回るのであるが、それを曹洞宗の牛歩《ぎゅうほ》、臨済宗の虎走《こばしり》という。

またこの時、手を胸前に組む叉手《しゃしゅ》も、曹洞宗では左手の親指を中にして握り、右手をかぶせて胸に当てる。しかし、臨済宗では親指を交差させ、左手で右手をおおうようにしている。なお、黄檗宗の坐禅作法は大概が臨済宗と同じであるが、細かな点では各宗派内でもその寺院の山風によって異なる形も見える。

永平寺と總持寺の違い

永平寺と總持寺は、曹洞宗の大本山である。永平寺は福井県吉田郡永平寺町にあり、總持寺は現在、神奈川県横浜市鶴見区鶴見にある。

總持寺はもともと石川県鳳至《ふげし》郡門前町（現在、輪島市門前町）にあったが、明治三十一年四月の火災により全山を焼失したのを機会に、時勢を鑑みて首都に近い地への移転が建議され、同四十四年十一月に現在地への遷祖式《せんそしき》が行われた。能登の旧地は祖廟の所在地として、「總持寺祖院」と称している。

永平寺の開山は道元（一二〇〇―五三）である。寛元元年（一二四三）に道元は、檀越《だんのつ》の波多野《はたの》義重《よししげ》の請に応じて越前に赴き、翌年に大仏寺を建立した。同四年に寺名を永平寺と改め、本格的な修行道場となっていったが、道元示寂《じじゃく》後は、懐奘《えじょう》・義介《ぎかい》・義演・義雲が住持となり、宝慶寺《ほうきょうじ》を開いた寂円《じゃくえん》の弟子らによって護持されていった。現在は八十世・南澤道人《どうにん》禅師が住持である。

一方、總持寺の開山は、瑩山紹瑾《けいざんじょうきん》（一二六八―一三二五）である。元亨《げんこう》元年（一三二一）に定賢律師《じょうけんりつし》より諸岳寺観音堂を寄進され、寺号を山号に改めて禅刹《ぜんさつ》としたのが始まりである。二世・峨山韶碩《がざんじょうせき》は多くの優れた弟子たちを育成し、その中でも特に秀でた五人の弟子は、寺内に普蔵院・妙高庵・洞川庵・伝法庵・如意庵の五院を開き、五院の住持が交代で總持寺住持を務めるという輪住制《りんじゅうせい》で運営され、これは明治三年に梅崖奕堂《せんがいえきどう》が独住一世となるまで続いた。輪住した人は四万九七六六人を数える。現在の住持は、独住二十六世・石附周行《しゅうこう》禅師である。

永平寺は北越の深山幽谷にあるため、自己を形成する修行道場である。開創以来七回も全山を焼失する火災にみまわれ、そのたびに復興されて七堂伽藍をはじめ、七十余棟の堂塔・伽藍が整然と立ち並んでいる。

總持寺の伽藍は明治期以後に建立されたり移築されたものが多い。法堂《はっとう》にあたる大祖堂は間口五四・五メートル、奥行四七・二メートルの大伽藍で、昭和四十年に完成した。京浜地区の要地である横浜にあるところから、国際的にも広く門戸を開放しており、外国人の参禅者も多く見え、伝道教化に力を入れている。

永平寺は曹洞宗発祥地として、總持寺は曹洞宗教団の発展した根拠地として曹洞宗の根本道場であり、所在地から「祖山の永平寺」「街の總持寺」ともいわれている。

禅の心とかたち――「總持寺の至宝」展に寄せて――

ヘルシーな精進料理や水墨画・枯山水の侘《わび》た庭園・茶道・華道など、わが国独自の文化は禅の影響によるものが多い。あいさつ・工夫・玄関・普請《ふしん》など、日ごろ何げなく使う言葉も、語源をたどると禅の用語である。禅は身近なものといえよう。

「禅」という言葉は、サンスクリット語の「ディヤーナ」の音訳によるもので、心を静めてよく考えるとか、心の定まったことを意味する。禅僧が坐禅修行に厳しい時を過ごすのも、心の定まりがいっそう純粋であることを求めるからである。

日本の禅宗は三派あり、坐禅のとらえ方がそれぞれ違っている。曹洞宗は鎌倉時代に道元によって中国から日本へ伝えられ、ひたすら坐禅をする「只管打坐《しかんだざ》」である。臨済宗は栄西《えいさい》を開祖として、悟りを得る手段に公案《こうあん》を用い、坐禅に専心して自己を突き詰める。黄檗《おうばく》宗は江戸時代に中国の明《みん》から来日した隠元《いんげん》を宗祖として、「南無阿弥陀仏」の名号《みょうごう》を用いながら坐禅を行う念仏禅である。

總持寺（横浜市）は、永平寺（福井県永平寺町）とともに曹洞宗の大本山の一つ。永平寺は道元によって開かれたが、總持寺は道元より四代後の瑩山紹瑾《けいざんじょうきん》が元亨《げんこう》元年（一三二一）に開いた。「平常心是道」の言葉で悟った瑩山は、日常生活すべてが仏の行いであることを説いた。弟子の育成に努め、門流は全国の曹洞宗約一万五〇〇〇寺のうち、七割以上を占めるほどに発展した。瑩山なくしては、その後の曹洞宗教団はあり得なかっただろう。

瑩山とその門流の布教は、道元の只管打坐の立場を堅持しつつ、加持祈禱などの密教行事を取り入れた。また、民間信仰も包容して時代的に展開したため、地方の豪族や民衆の信仰の支えとなり、急速に発展した。東海地方では豊川稲荷《いなり》の妙厳寺《みょうごんじ》（愛知県豊川市）、盗難除けの性空山神《しょうくうさんしん》を祀る雲興寺《うんこうじ》（同県瀬戸市）、火防の神の秋葉三尺坊《あきはさんじゃくぼう》を祀る可睡斎《かすいさい》（静岡県袋井《ふくろい》市）などがその代表的寺院である。

本展の展示品の中で一番興味を持ったのは、「總持寺住山記」である。一四〇冊からなる住山記は、開山した瑩山から明治時代初期までの約六〇〇年間で五万人を超える、總持寺の歴代住職の記録である。和尚の資格を取得するために一夜住職になった人も含むことから、膨大な数にのぼった。記録の形式は時代により一定していないが、入寺年月日、得度を受けた師、法を嗣いだ本師、出身地などが記されており、住持の履歴や教団が全国に展開していく過程を探るための基本的資料といえる。

そのほか、「刺繍獅子吼文大法被《ししゅうししくもんだいはっぴ》」は、縦七・三メートル、横六・七メートルの巨大な幕で、染織品では最大の国指定重要文化財である。また、石川県羽咋市《はくいし》の永光寺《ようこうじ》所蔵の「瑩山紹瑾坐像」は、前を見据える厳しいまなざしに静かな迫力を感じる。ともに、寺外では初公開である。

このように、總持寺の寺宝は、禅の無心の境地を諸々のかたちで表わしたものであり、そこから道元禅の民衆化を推し進めていった瑩山とその門流の禅風を知ることができる。

喜心・老心・大心

次にあげるのは、『典座教訓《てんぞ》』にある言葉で、道元禅師が典座（食事の献立や調理をつかさどる役）に説いた心構えである。どんな人にも心がけてもらいたい内容であり、姿勢である。

「喜心《きしん》」は、喜びの心。人間は利己的で物事を欲望の物差しで測る。そのために争いが起こったり、不満が出る。しかし、何事にも感謝の気持ちを持つことによって喜びの心が湧いてくる。

「老心《ろうしん》」とは、父母の心、子を思う親心。何事も親の身になって思いやる心である。

「大心《だいしん》」とは、周囲の状況に流れることなく不動の心である。大山のようにどっしりと、大海のように広々とした心。

この三つの心を忘れずにあたれば、何事も正しくできる。同じ条件で同じ状態の時は二度とない。一期一会《いちごいちえ》である。だからこそ、今を大切に、三つの心を忘れずに努めていきたいものである。

墨跡は生きた禅者

法持寺は昭和二十年五月の戦災で、伽藍をはじめ、大半の墨跡《ぼくせき》・文書を焼失した。その中には、開山・明谷義光大和尚の頂相（文明十三年〈一四八一〉自賛）、開基の熱田神宮大宮司千秋《せんしゅう》家の文書もあった。疎開して残った墨跡と、戦後に購入したものを合わせて九十本を数える。法系、世代の黄泉無著《こうせんむじゃく》・白鳥鼎三《はくちょうていざん》らの頂相や墨跡は五十本、達磨《だるま》図・観音図などの絵画が四十本ある。

私は、江戸期・明治期の曹洞宗の研究を行っている。研究の対象となった禅者の墨跡を購入し、研究している間、それを部屋に掛けている。すると、その禅者が目の前にあらわれ、私に「しっかり勉強せよ」と叱咤激励する。そうかと思うと、新しい事実を明らかにして感激していたところ、「やっとわかったか。よくやった」と賞賛する言葉が聞こえてくる。

私は、墨跡を美術・芸術の視点で見るのではなく、「生きた禅者」と見ている。まさに、「書は人なり。心なり」である。これからも多くの禅者と話をしたく、研究に一層の努力をするつもりであるが、研究が進めば進むほど、私の手許には墨跡が増えてくることであろう。

沢木興道老師の言葉

◆はじめに

いつの間にか「宿無し興道」「移動叢林の人」「古心の人」などと称された昭和期の名僧・沢木興道《こうどう》老師（以下、「老師」と略称す）は、一生寺に住せず、自ら筆をもって著述することもなかった。『沢木興道全集』が刊行されているが、これは弟子や随身らが講義・提唱・講演などを録音したり筆録したのを原稿化したものであった。

私は老師の謦咳《けいがい》に接したことはない。遷化《せんげ》された昭和四十年十二月は高校三年生で、当時は老師の名前も知らなかった。

◆老師の略伝

老師は明治十三年六月十六日に三重県津市新東町で、父が多田惣太郎、母はしげの第六子（四男）に生まれ、才吉といった。才吉は五歳の時に母が亡くなり、八歳の時には父が急逝したため、兄弟姉妹はばらばらとなり親類などに預けられた。才吉は父方の叔父の家に預けられたが、まもなく叔父も亡くなり、一身田《いしんでん》町の沢木文吉の養子となった。

沢木興道老師

文吉は、表向きは提灯屋を営んでいたが、実際は博奕《ばくち》打ちを本業としていた。尋常小学校時代には養父母のいいつけで、博奕場へぼたん餅を売りに行ったり、寄席《よせ》の下足番に行ったり、さらに近くの遊廓で遊女を買った男が急死し細君《さいくん》が来て泣いている姿を見たり、幼くして複雑な世の中の裏を知ったのである。小学校を卒業後は、稼業の提灯屋の仕事に精を出しつつ養父母を養っていた。極寒の日も足袋《たび》をはかず、破れた股引《ももひき》を穿き、大きな道具箱をかついで仕事に出かけた。このような生活の繰り返しの中で、才吉は自分の人生に目を開くようになり、人の生きる真実の道を求める心が起こってきた。そのためついに家出をして、大阪の知人の下に身を寄せた。しかし、一週間ほどで連れ戻された。

翌年六月には二回目の家出を行い、徒歩で永平寺まで行った。永平寺は家出人を置かないので断られたが、二昼夜にわたって頼み続け、ついに作事部屋の男衆となった。その後、永平寺の維那和尚の自坊に置いてもらっていたある日、「今日は休みだから自由に遊びに行ってきなさい」といわれたが、才吉は部屋で坐禅をしていたところ、いつも寺へ手伝いに来ている老婆がびっくりし、思わず仏様より丁寧に手を合わせて拝まれた。これによって坐禅の尊さを知ったのである。

このエピソードは、九州・天草の宗心寺でもあったようで、坐禅を無上の道と信じ、無条件の坐禅を一生涯貫くこととなった。

明治三十年正月、十八歳になったばかりの才吉は、永平寺を出て徒歩で天草の宗心寺に向かった。途中の船中ではスリと間違えられて牢獄生活を送り、苦難の旅を続けて三月の春彼岸過ぎに宗心寺へ着き、十二月八日に住職・沢田興法の下で出家得度して沙門沢木興道となった。

二十歳の明治三十二年春には修行の旅に出た。初め兵庫県氷上郡《ひかみ》（現在の丹波市）の円通寺に掛錫《かしゃく》（寺院に籍を置いて修行すること）したが、用僧として行った寺院で、笛岡凌雲《ふえおかりょううん》と出会い、随身することになった。笛岡は總持寺独住三世の西有穆山《にしありぼくざん》に長年随侍して道元禅師の教えのまま地道に生きた求道者で、仏法の大事を示してくれた。

翌年十二月、徴兵検査の結果、甲種合格となり、名古屋市の歩兵第三十三連隊に入営した。三カ年の軍務に服した後、日露戦争にも出征して勲功を立て、内地に凱旋した老師は軍装を僧衣に改め、雲水《うんすい》の姿となって復帰した。遅まきながら浄土真宗高田派専門学校に入り仏教の教学を学び、さらに奈良法隆寺の勧学院に入って佐伯定胤《じょういん》らから唯識教学を学んだ。仏教学を五年間学んだ老師は、永平寺で開かれた眼蔵会《げんぞうえ》に出席し、道元禅師の仏法を本格的に学び始めた。また、西有穆山門下随一の眼蔵家でもあった丘宗潭《おかそうたん》と相見《しょうけん》し、侍者なども務めた。さらに、法隆寺近くにあった空き寺に入り、三年間門を閉めて坐禅に明け暮れた。

大正五年には丘宗潭より熊本大慈寺僧堂の講師に任命され、雲水の面倒を見るようになった。丘の遷化後は熊本市内の借家や万日山《まんにちやま》にある柴田家の別荘などに独居したが、この頃から各地に招かれて坐禅指導や講演に東奔西走した。

五十六歳の昭和十年四月には駒澤大学教授に就任し、十二月には大本山總持寺後堂にも招請され、雲衲《うんのう》教育を務めた。その後、栃木県の大中寺に「天暁禅苑」を開単し、戦後は東京都渋谷の丸山邸に身を寄せ、三田の藤田邸、京都市の安泰寺にも参禅道場を開くなど精力的に活動した。八十四歳の昭和三十八年には足が弱り、安泰寺に退隠した。同四十年十二月二十一日に老師は八十六年の生涯を閉じ、遺体は京都大学医学部に献体された。

◆老師の言葉

「得は迷い、損は悟り」

老師は、幼児期から過酷な運命と壮絶な生き方をした。その境遇は老師の人格を清め鍛えた。虚飾もごまかしもない一生であった。提唱で、よくこの言葉をいわれた。人間は、得した時や欲を出した時には必ず迷いが生ずる。逆に損をした時や失った時は、何もないため欲は起きず、清々しい気持ちになる。無一文・無一物の清貧な生活の老師には、名利や財産など何もなかった。そこから出てきた言葉である。

「坐禅をしながら仏になろうと思うのは、たとえば故郷へ帰るのに、早く帰りたい早く帰りたいと、汽車に乗っていながら汽車の中でかけだしているようなもんじゃ」

老師の生涯を支えたのは、坐禅である。先ほど紹介したように、修行時代に坐禅をしていた老師は、他人に思わず礼拝されたというエピソードがある。人から拝まれる坐禅の姿勢は、凡夫の姿勢ではない。仏になれる坐禅こそ人間のできることの中で最上等のものと老師は悟った。また、どんな人間でも一番尊いのは、その人が真剣になった時の姿である。ギリギリの真剣な姿には一指も触れることのできない厳粛なものがある。老師の一生を坐禅三昧にさせた因縁がここにあった。

「頭を剃り、袈裟をかけ、坐禅してそれでおしまい」

これは老師の宗要を簡潔に述べた言葉である。老師は道元禅師の『正法眼蔵《しょうぼうげんぞう》』「袈裟功徳」や「伝衣」をはじめ、慈雲尊者の『方服図儀』、黙室良要《もくしつりょうよう》の『法服格正《ほうぶくかくしょう》』などの袈裟研究書を学び、「如法衣」を吹唱した。

現代の日本では、袈裟は僧侶の装束として法衣店などで販売されている。そのため、本来の袈裟の形態や縫い方を知らない人が多い。老師は袈裟の教えや戒律にかなった正しい袈裟（如法衣）の縫い方などを研究し、広く多くの人々に縫うことをすすめられた。「福田会《ふくでんかい》」という会が生まれ、今なお多くの人々が袈裟を信じ、互いに励まし合い縫っている。

◆おわりに

以上、老師の略伝と代表的な言葉を見てきた。老師は無功徳・無所得の世界に生きてきた。しかし、現代社会は正反対の有功徳の時代である。それも時代の発展や人間生活の向上のためには必要であり、やむを得ないことであろうが、利益だけの追求に明け暮れていると、大きく自分を見失うことになる。老師の生き方を改めて学ばねばならない時代であろう。

7

法縁にめぐまれて

洋食のマナーを教わった――水野弥穂子先生――

平成二十二年一月二十六日早朝、水野先生のお嬢さんのフレスコ画家・勝山彩《みさお》さんから電話があった。水野先生が亡くなられたとの知らせである。この日は道元禅師の生誕日で、道元禅師研究に一生を捧げられた先生の命日が禅師の誕生日になるとは、禅師と先生のご縁の深さを思い知らされたのである。

昨年十月十五日、私は東京へ行く用事があり、それをすませて先生のお宅へお見舞いに伺った。その日は先生の米寿《べいじゅ》の誕生日であった。私はまったく知らずにお祝いの席へ飛び入りで出させていただいた。

先生はかなり痩せられ、かすれ声であったが、私の研究や近況報告に笑顔で応えてくださり、好物の鰻もおいしそうに召しあがった。その席で、今年一月に春秋社から『原文対照現代語訳道元禅師全集』の第七巻「正法眼蔵《しょうぼうげんぞう》」が刊行され、七十五巻本『正法眼蔵』の現代語訳が完結することをお聞きした。その後、出版祝賀会を開いて先生の労をねぎらう計画を立てていたところ、お嬢さんから連絡があり、先生が日に日に衰弱されていること、祝賀会に出席できるか心配であるということを聞いたため、急遽上京し、ベッドに横たわる先生にお祝いの花束を手渡したところ、涙を流して喜ばれたことが思い出される。
私と先生との縁は、大法輪閣より出版されていた久馬慧忠《きゅうまえちゅう》師の『袈裟の研究』においてである。先生のお宅で袈裟を縫う「福田会《ふくでんかい》」が開かれていることを知り、そこに通って自分も袈裟を縫い始めた。それは昭和四十一年の年末頃であった。同年の十一月二日に祖父の遷化《せんげ》に遭い、当時、駒澤大学文学部歴史学科の学生であった私は、祖父の死を縁として大袈裟であるが発心《ほっしん》したのである。

仏教の教えを知りたく精力的に仏教学を勉強したくなった。仏教講演会や眼蔵会《げんぞうえ》などにも足繁く通い、大学二年より仏教学部へ転部編入した。実務的な法式を学ぶため東京の寺院での小僧生活も始め、そこから大学へ通う生活となった。朝課、掃除、食事、大学へ、葬儀や法要のある時は休講して随喜《ずいき》せねばならず、日曜日や祝日は法要に明け暮れた。

水野弥穂子先生

しかし、毎月一回行われる先生宅の福田会には必ず出席した。自分の袈裟を縫いながら、酒井得元《さかいとくげん》先生の眼蔵の提唱もあり、その日は大変充実した一日であった。しかも先生の母上のとらゑさんが作られた夕食が出席者に振る舞われ、貧乏学生にとっては大変ありがたいことであった。
そのうちに先生は私の母と年齢も変わらないところから、

自然に東京での母のような思いを持ち、私的なことまで相談できるよき先生となっていった。昭和四十二年四月から駒澤短期大学講師に就かれ、その頃、駒澤大学では「君の方が一年先輩だね」といわれ、先生の研究室で宋代の元照《がんじょう》が著わした『仏制比丘六物図《ぶつせいびくろくもつず》』を二人で講読したこともあった。また、南山道宣《なんざんどうせん》の『釈門章服儀《しやもんしようふくぎ》』や『律相感通伝』も木版本で読み、細字の割注や欄外の注によって理解できることなど木版本で読むことの大切さも教えていただいた。

こうして私は先生から袈裟に関する知識を教授され、講読会の帰りにはナイフとフォークの使い方も知らなかった私に洋食をごちそうしてくださり、食べ方のマナーも教えてくださった。

先生がどうして道元禅師の研究を始められるようになったかは尋ねたことがなかった。もちろん仏教との関わりも知らなかったし、先生からもいわれようとはしなかった。しかし、大法輪閣の石原育英会による育英生への講演会「私が仏教に求めたもの」で自ら述べられている。

それによれば、先生の出身校は東京女子大学で、キリスト教主義の学校である。先生はそれを知らずに入学されたそうで、そこでは「女子にも男子と同じ高等の教育を授ける」という理想の下に第一級の先生方がおり、自由な学問研究の道が開かれていた。クリスチャンであるかないかの区別はなく、のびのびと勉強できたといわれる。

授業の一つに、平安時代後期に成立したとみられる『大鏡《おおかがみ》』という歴史文学作品があった。藤原道長の栄華を説くための方法は、釈尊が『法華経』を説くために、それ以前の五時の教えと内容を八教に分類した五時八教と同じことであると教えられ、「仏教がわからなければ、日本文学はわからない」という恩師の一言によって、先生は「仏教とは何か」を自分で勉強しようと思うようになったといわれる。

そこで、まず「大蔵経講座」シリーズの中で、境野黄洋《さかいのこうよう》博士が注釈した『法華経』を読まれ、次々と「大蔵経講座」を読まれたそうである。女子大時代は瀬戸内寂聴さんとも机を並べた同窓生であったことを先生から聞いたことがある。瀬戸内さんは卒業後、小説家の道を歩まれたが、先生は恩師の勧めもあり、東北帝国大学へ進まれ、国語学を専攻された。東北帝国大学の仏教学研究室へ行き、仏教研究について聞かれたそうである。パーリ語・サンスクリット語の語学をやってから原始経典を研究すると聞き、先生は仏教の壁の厚さにたじろいたと語っている。

その頃、『正法眼蔵随聞記《ずいもんき》』も読まれたそうだが、文字の説明だけでは禅はわからず、とにかく日本語で書かれてあるものを正確に理解することを目標にして、国語の学問に取り組まれた。しかし、戦後、すべての価値観が変わり、混乱して虚しい状態が続いていた時、仏教書の所々に引用される『正法眼蔵』の言葉が光を放つように飛び込んできた。そのため岩波文庫の三冊を買い求めて読み始め、「袈裟功徳」の巻に「正法眼蔵を正伝するということはただ袈裟衣」であるとか、「仏身とか仏心というものもこの袈裟である」ことが書かれており、学問や修行の力で『正法眼蔵』に到達する望みはないと思われた先生は、『正法眼蔵』を理解するためには袈裟に頼るほかはないと考え、如法の袈裟の教えを実行している愛知県津島市の海善寺の橋本恵光《えこう》老師に縁を求め、在家得度したのであった。

その後、沢木興道・酒井得元両老師の参禅会や眼蔵会にも参加し、自宅でも参禅会やお袈裟を縫う福田会を開かれたのである。

先生の業績は駒澤大学在職時代に「日本思想大系」の『道元』（岩波書店）、東京女子大学在職時代に『大智』（講談社）を刊行されているが、女子大を定年前の六十六歳で退任され、その後の方が圧倒的に多く研究に邁進された。

その頃について先生は、昭和六十二年十月に発行された『大法輪』第五四巻第一〇号に、『随聞記』のあと、岩波書店の古典大系や思想大系、筑摩書房の『道元集』、講談社の『大智』と正法眼蔵に追い回される日々がやってきました。私にとっては文字通り「正法眼蔵の重担」でしたが、また、ありがたい日々でした。仏教の外れにいた私が、いつの間にか、仏法の真っ只中にいることになりました。

と、『正法眼蔵』に「追い回される日々」であったが、「ありがたい日々」でもあったと回顧されている。退任後の著作は『正法眼蔵』を学ぶ人のために平易に書かれた著作が多かった。その一方、岩波文庫本『正法眼蔵』四巻の校注や、春秋社の『原文対照現代語訳道元禅師全集』の「正法眼蔵」の巻などに打ち込まれ、七十五巻本『正法眼蔵』の現代語訳が完成した。

先生はそれを見届けて亡くなられた。全精力を費やして現代語訳に打ち込まれ、精根尽きたのである。六十六歳で大学を退任以来、満八十八歳で亡くなるまでの二十二年間の仕事は、誰も真似のできることではない。その功労に対し、平成九年には「第三十一回仏教伝道文化賞」を受賞されたのをはじめ、「曹洞宗特別奨励賞」「曹洞宗正法伝光会学術文化功労賞」などの輝かしい賞を受けている。

橋本恵光老師から授与された戒名の「全苗恵穂大姉」の如く、心の苗を全うして恵まれた稲穂を実らせた人であった。泉下の先生は今、未刊であった十二巻本『正法眼蔵』の現代語訳に取りかかられたのではなかろうか。

碑に手向けられた花――北の湖親方――

◆親方と法持寺

「うん　ほんまに横綱になったんや　母ちゃん」は、第五十五代横綱・北の湖親方が二十一歳二カ月で史上最年少の横綱となった日に、北海道の実家の母親へ知らせた言葉である。心やさしい人柄を表した「北の湖語録」を代表する言葉といえよう。

優勝二十四回、横綱在位場所数六十三場所、横綱勝ち星六七〇勝など、数多くの記録を作った。

その北の湖日本相撲協会理事長が、平成二十七年十一月二十日午後六時五十五分に六十二歳で亡くなった。現職であり、九州場所中であったところから、急逝の報には驚いた。その知らせは新聞社からの電話であった。五社より住職在寺の問合せである。事情を知らない家内は何事かと思い、電話くれた記者に理由をたずねたところ、親方の逝去を知らされた。びっくりした家内は私に連絡し、私は急いで帰寺した。

すると、すでに数社の記者が私の帰りを待っており、親方との思い出やエピソードなどについて取材を受けた。しかし、私は心の準備ができておらず、ただ思いのままを述べただけであった。

私の住職している法持寺（名古屋市熱田区白鳥一―二―十七）は、昭和三十二年から大相撲名古屋場所の三保ヶ関部屋の宿舎になっていた。また、昭和四十九年の名古屋場所後には、親方が横綱に推挙され、その伝達式が行われた所でもあった。そのため親方と縁の深い寺の住職にコメントを求めたのである。本来ならば、私の師僧である父が答えるのが最適であった。父は一年ぶりにくる若い力士の成長を我が子のことのように楽しみにし、応援していた。親方が名古屋場所で初めて優勝した昭和五十三年の千秋楽のインタビューで、アナウンサーの「最初に優勝を誰に知らせたいか」との質問に「いつもお世話になっているお寺さんに知らせたい」と答えたのを聞いた時、私は嬉しく思い、父は大感激していた。その父も七年前に亡くなり、親方にも葬儀に参列していただいた。

◆境内にある三つの碑

境内には親方の碑が三つある。親方が節目の時に述べた言葉を残したもので、私たちに教訓を与えている。また、中学生の新弟子時代から横綱時代まで稽古に励んだ土俵のあった所には、親方が揮毫した「土俵の跡」の碑も建っている。

昭和四十九年の名古屋場所は思い出の場所であった。屈辱の場所であったともいわれたが、以後の親方の相撲道に大きな影響を与えた。十三勝一敗で千秋楽を迎え、結びの一番で横綱輪島に勝てば優勝であった。ところが、輪島が「黄金の左」といわれた強烈な下手投げで勝ったのである。そのため同じ十三勝二敗となり、優勝決定戦が行われた。しかし、その決定戦でも同じ決まり手で負けてしまい、輪島が逆転優勝したのである。

「うん　ほんまに横綱になったんや　母ちゃん」の碑

場所後には史上最年少の横綱に推挙され、その昇進伝達式が本堂で行われた。当時の私は学生で東京に住んでおり、昼のNHKのニュースで、その様子をみた。式終了後、親方は早速、北海道にいる母親に電話で知らせた。その時の一言が、

うん　ほんまに横綱になったんや　母ちゃん

であった。心を弾ませながらお母さんに報告している。関西弁といわれるが、師匠の三保ヶ関親方は兵庫県の出

身であり、相撲の大阪場所もある。「ほんとに」が「ほんまに」となったのであろうか。伝達式をみていた父が碑に残したのである。

親方はその後十年間、横綱の地位を守った。輪湖時代から一人横綱になっても休場せずに頑張った。昭和五十六年九州場所中に初めてケガで休場したが、「丈夫な横綱」の代名詞で相撲関係者は「理想の横綱」と称賛した。

昭和五十九年の名古屋場所では、幕内通算八〇〇勝して新記録を更新した。その時の言葉も碑になっている。すなわち、

どんなにつらくても　何と云はれようと　相撲をとるのは心　自分が駄目だと思ったら　とれるものではない

である。横綱になるまではがむしゃらに稽古し精進した。しかし、横綱になるとその地位を守るのに苦労する。負けが続けばすぐ休場、引退となる。絶えず体調を整え、ケガをしないように努めなければならない。自分との闘いであった。つらいこと、悲しいこと、いやなことなど多かったであろう。

平成十四年七月二十五日には、境内に新しい碑が建った。親方が日本相撲協会第九代理事長に就任した時の言葉である、戦後生まれの初めての理事長であり、時に四十八歳であった。碑には、

横綱になったときは土俵のことだけを考えていればよかった　これからは相撲界のために努

力しなければならない　すべてが現役のときとはちがう

とあり、相撲界発展のために努力することを誓っている。

当時の相撲界は厳しい状況下にあった。名古屋場所では十六人もの関取の休場者が出た。「土俵の充実」を最大の目標として動き出したが異常事態が続き、相撲人気はがた落ちであった。また、外国人力士が増えてきた頃である。日本人力士とは体力が違う。若い力士のトレーニング方法も今までの稽古とはまったく異なってきた。器具を使っての筋肉強化など体の一部のみの強化を図っている。使わない部分との差が出てケガになるケースが多い。そのため休場者が多く出る。

相撲で一番大事なのは「しこ」と「てっぽう」である。これによって相撲のために必要な筋力が鍛えられることは実証されている。親方は基本の稽古が少ないこともケガの原因とみている。

親方は「しこ」を五〇〇回と決めたら必ず休まずにやった。継続する気持ちがないとだめで、努力が大切という。いつも前へ進みたいという前向きの気持ちを持っていた。「相撲の天才」といわれたがそうではない。一生懸命に精進してきたと努力をいっている。かつて亀裂骨折した左足を引きずりながら土俵を務めたことがある。これしきで休めないぞという使命感もあったからで、強い責任感を持っていた。

◆碑に手向けられた花

三保ヶ関親方に見出され、中学一年の十三歳で初土俵を踏んで以来、ずっと相撲一筋であった親方は、「相撲の天才」「怪童」ともいわれたが、努力を強調している。法持寺にある三つの碑によっても、それが明らかになる。天才も努力精進したからこそ大きな記録を作ったのである。

引退するまでの少年時代・青年時代は家族ぐるみの付き合いであった。土俵上では「憎らしいほど強い」と評され、寡黙で無愛想といわれたが、本当は人情深くやさしい気配りのできる人であった。たまたま私と同じ日に結婚式をあげた縁もあり、互いの家庭のことや子供の話などしたりした青春時代の一コマが思い浮かぶ。

平成二十七年十二月二十二日に親方の日本相撲協会葬が両国の国技館で営まれた。多くの方が親方との別れを惜しみ、私も出席して焼香した。葬儀が終わり、力士や親方衆らは整然と並んで合掌し、遺骨を見送っていた。私も思わず合掌した。

法持寺にある碑には、訃報の翌日に花が手向けられていた。また、碑に合掌しお参りしている姿も多くみられた。相撲一筋であった親方の生き方に共感した人は多いことであろう。みごとな相撲人生であった。

仏教学者で仏教者でもあった――田中良昭先生――

前駒澤大学総長・田中良昭先生が平成二十八年一月十二日に遷化《せんげ》された。先生は私の恩師であるとともに、媒酌人でもあった。年末に体調が思わしくないとの知らせを受け、早速、年始に入院されている東京・虎の門病院へお見舞いに伺ったのが最後となった。

先生と初めてお会いしたのは、昭和四十二年四月に「仏教講義Ⅰ」の授業で、火曜日一時限目であった。歴史学科から仏教学部へ転部した私は、仏教学の初めての講義が田中先生の授業で、内容は『原人論《げんにんろん》』の解読であった。仏教学は人類の始めである原始人の研究からするものと興味深く思い履修したところ、まったく違って、中国の唐代に教禅一致思想を鼓吹した圭峰宗密《けいほうしゅうみつ》（七八〇―八四一）の著わしたものであった。

まったくわからないため一番前の席に座り、一生懸命に勉強した。そのうち、私の隣に真面目な同級生が座ってきて会話するようになった。それが、阿部慈園《じおん》君（前明治大学教授）であった。その隣の隣にすわっていたのが西岡祖秀君（前四天王寺大学学長）である。歯切れのよい田中先生の講義は新鮮で、当時三十三歳のフレッシュな兄貴のような感じであった。

三年生になると「禅宗史」の講義を担当され、中国禅の歴史と思想を学んだ。先生は恩師の増

田中良昭先生

永霊鳳《れいほう》先生の後継として講義することになったそうで、孤《こ》峰智璨《ほうちさん》禅師の『禅宗史要』がテキストであった。黒板いっぱいに板書され、少し早口の先生の講義からは迫力ある情熱が伝わってきた。ノートいっぱいに書くほどの講義から、私は禅宗に関する多くの知識を得た。その後、先生の自主ゼミである中国禅宗史研究会にも出席することができ、六祖慧能《えのう》の研究にも参加させていただいた。

先生と親しくなった理由はもう一つあった。それは、先生と名古屋との縁が深かったことである。御尊父は愛知県の犬山市出身で、そのため名古屋に親戚が多くいた。しかも従兄弟の大藪氏の奥様は、私の師寮寺《しりょうじ》の檀信徒の方であった。それを知ったときは、先生も私も驚いた。

先生の専門研究は中国禅宗史で、特に敦煌文献の研究によって大著を出版されている。また、多くの学生を教育し、面倒をみられてきた。さらに、曹洞宗総合研究センター所長や駒澤大学総長にも就かれ、大学運営の行政面でも活躍された。

一方、先生は静岡県菊川市・正林寺の住職でもあられた。正林寺の昭和・平成の大修理を行い、伽藍復興にも努めてこられた。平成二十九年四月には、正林寺開創五〇〇年の大法要が行われることになっており、寺史の刊行も予定され、自分の担当部分の執筆は終えていた。しかし、残念なことにそれを迎えることはできなかった。このような功績によって大本山永平寺から「永平寺西堂《せいどう》」位が贈補され、本寺よりは正林寺の「重興《じゅうこう》」号が授与された。大学の講義が終わった金曜日には自坊に戻られ、土・日曜日の法要・檀務を務め、月曜日には東京へ戻られた。まったく休みのないフル回転の生活であった。

本葬におけるお弟子さんの挨拶に、日頃、先生のよくいわれていたことが紹介された。それは、

人間は二度死ぬ。一度目は体が死ぬこと。二度目は故人を知っている生きた人の心からなくなること。そのため法要は、その人を長く生かすことのできる機会である。

といわれていたそうである。まさにその通りであろう。肉体が亡び、縁のある人の心から故人がなくなったならば、その人は本当に亡くなってしまう。

曹洞宗では、大本山永平寺を開いた道元禅師と大本山總持寺を開いた瑩山《けいざん》禅師の法要を、大遠《おん》忌《き》法要として五十年ごとに行っている。平成十四年には、永平寺で道元禅師の七百五十回大遠忌が開かれた。もし、禅師がご存命ならば、現在（平成二十八年）、七六三歳となられる。永平寺では、今なお禅師が生きていらっしゃるが如くお仕えし、お茶や粥《しゅく》・飯《はん》などを御供えしている。まさに生き仏である。そのため今日まで禅師の教えを学び、修行し、継承されているのは、五十年ごとに行われてきた大遠忌法要のお蔭ともいえよう。

田中先生の言われた法要の教えは、亡くなられた先祖を思い出すことのできる絶好のチャンス

であることをいわんとしたのであった。このように先生は、仏教学者であっただけでなく仏教者でもあられた。恩師・田中先生に対し、心から敬意を表して、生前中のご厚誼に感謝の誠を捧げ、一炷香を供えたい。

古叢林にいる知識豊富な師家——吉岡博道先輩——

吉岡博道《はくどう》師を知ったのは、私が永平寺に安居《あんご》していた昭和四十八年四月、授戒会《じゆかいえ》の法要に随喜《ずいき》されていた師が、当時接茶寮《せつちやりよう》行者に配役されていた私を訪ねてこられたのが初相見《しようけん》だったと思う。同年二月二十五日に永平寺へ上った私は、久しぶりに外気に触れた思いであった。何を会話したか覚えていないが、励ましの言葉であったことは確かである。

秋、永平寺の安居を終えて駒澤大学の大学院へ戻った私は、大学のキャンパスでも吉岡師にお会いする機会があった。それは師が「続曹洞宗全書刊行会」の実務委員であられたか、それとも『永平寺史』編纂委員であったか定かでないが、大学へ資料収集や会議でお見えになり、その時々にお会いすることができた。

その後、昭和五十五年に迎える永平寺二祖孤雲懐弉《こうんえじよう》禅師七百回大遠忌《おんき》は、私と吉岡師のみならず、熊谷忠興《ちゆうこう》師（当時、永平寺傘松会主事）との交流も一層深くなった。それは一〇〇年前の明治十一年に、同禅師の六百回大遠忌を迎える際、私の師寮寺《しりょうじ》（法持寺）の二十八世・白鳥鼎三《はくちょうていざん》が懐奘禅師の著わした『光明蔵三昧』を校訂し、「永平寺僧堂蔵版」として刊行しており、その『光明蔵三昧』を私に紹介してくださったのが、吉岡師であった。内容をみると、当時『光明蔵三昧』は稀覯本《きこう》であったため、永平寺貫首・久我環渓《こがかんけい》禅師が西堂《せいどう》であった鼎三に再校訂して出版することを依頼してきたのである。一世紀前に鼎三が懐奘禅師顕彰に努めた法縁を知り、遠孫の私の誇りになるとともに、七百回大遠忌を迎えるにあたり、私も微力ながら禅師の顕彰に努めねばと思うようになった。そして、禅師の画像の変遷や『光明蔵三昧』の対校などを『傘松』誌に発表する一方、この際、六百回大遠忌を中心とする当時の宗門の様子と鼎三の功績も明らかにしたいと考えた。そこで、私は江戸期曹洞宗の戒律復興運動を専門研究としていたが、中断して明治期の曹洞宗の研究に専念することとなった。もちろん鼎三を中心ではあったが、碩徳《せきとく》である鼎三を研究するためには、広く明治期曹洞宗の体制や動向も考察せねばならず、研究書や明治期に発行された仏教新聞や雑誌なども繙いた。当時、『永平寺史』の明治期を執筆担当されている吉岡師に資料などを依頼し、種々の御示教を得た。

吉岡博道先輩

　吉岡師と熊谷師はともに『永平寺史』の編纂委員であったため、永平寺蔵の資料や永平寺東京出張所時代の資料が永平寺東京別院に所蔵されていることなどを両師から教えられ、私もその調査に参加することが許された。私は鼎三を中心とする明治期曹洞宗の文書や尾張の曹洞宗寺院に関する資料の調査を行い、複写も入手することができた。両師のお蔭で鼎三に関する新資料も見出すことができたのは、本当にラッキーであった。

鼎三の活躍を『傘松』誌に紹介することができたのは熊谷師のお蔭であり、両師との縁がなかったならば実現しなかったことである。その結果、私は昭和五十七年六月に『白鳥鼎三和尚研究』を刊行することができ、吉岡師らの『永平寺史』は同年九月に刊行されたのであった。

この縁で三人は意気投合し、翌昭和五十八年には、百回忌を迎える永平寺六十一世・久我環渓禅師の語録の編纂をはじめとして、青蔭雪鴻《あおかげせっこう》・森田悟由《ごゆう》・滝谷琢宗《たきやたくしゅう》・臥雲童龍《がうんどうりゅう》・鈴木天山《すずきてんざん》といった各禅師の語録や伝記などを再刊したり、新しく編纂して刊行した。特に悟由禅師の広録を再刊するにあたっては、愛知県常滑市小鈴谷の生家（当時、戸主は盛田正視氏）を訪ね、ゆかりの寺院なども調査した。たまたま私の岳父（片山良男）が盛田氏と懇意であったところからご紹介いただき、その時の写真が『傘松』第五〇五号（昭和六十年十月）に掲載された。もう三十五年前のことで三人とも若かった。

吉岡師の積極的で、強引な（?）行動力に引っぱられ、それに熊谷師と私がついていったのである。年齢的に先輩の吉岡師の意見を後輩の熊谷師はなかなか否定できず、一番後輩の私が熊谷

悟由禅師の生家にて（『傘松』第505号より）

師の意見を吉岡師へ伝えながら資料調査や編纂作業が進んでいった。遺憾なく吉岡師の博学知識が発揮され、私たちは何度も驚嘆したのであった。調査寺院の住職や法縁寺院との関係もよくご存知で、先輩・後輩・伽藍法系・人法系など、「宗門の人名・人脈辞典」といわれるほどの生き字引でもあった。私も熊谷師も明治期の宗門史に興味を持つようになったのは吉岡師のお蔭であったことは確かである。

吉岡師の博学について、本人に尋ねたことがあった。すると師は、古美術店や古書肆《しょし》より毎日のように販売目録が送られてくる。それによってどのような仏教書があるかを知ったとか、古美術店の目録はただ値段をみるだけでなく、墨跡《ぼくせき》の写真の横に書かれている読みを別の紙で隠し、まず自分なりの解読を行う。その後に解読されている文と自分の読みを照合して、字の確認を行う。単純で初歩的なことであるが、このような師の普段の学習を知って感銘を受けた。私もそのような方法で墨跡の解読を学んでいる。したがって、新しく送られてくる目録は単なる古書目録ではなく、墨跡解読の新しい教科書としてとらえている。これが、吉岡師より教わった墨跡の解読の方法であった。

師はまさに古叢林にいる知識豊富な師家のようであったが、酒席になるとまったく反対で楽しい方であった。宴の始まる前の挨拶では、禅語を取り入れながらもわかりやすく広長舌の人であった。カラオケになると、「露営の歌」・「若鷲の歌」・「愛国行進曲」・「同期の桜」・「麦と兵隊」など、軍歌が得意でよく聴かされた。今ここに歌っておられる勇姿が思い出される。

最後に吉岡師よりいただいた本が思い浮かぶ。その一冊に白鳥鼎三の語録である『天籟餘韻《てんらいよいん》』がある。拙寺にあった語録とは異なった刊行本で、構成順序が異なっているため研究には大変参考となった。師の話によれば、静岡県下で流布していたようで、鼎三の住持した秋葉寺（浜松市天竜区春野町）の関係者によって再刊されたものかとも思われた。その他に、總持寺独住一世の旃崖奕堂《せんがいえきどう》禅師の遺稿集や、明治期を代表する仏教学者としても知られる原坦山の語録など、明治期洞門僧の語録の寄贈も受けた。

最も印象深い本は、明治三十一年夏に書写された祖道の『法服正儀図会略釈』の写本である。私がエンピツで書いた裏書きのメモには、「昭和五十四年五月十二日吉岡博道氏より寄贈される」と記してあり、袈裟《けさ》研究を始めていた私にとって大切な書物となった。それとともに同封の書簡も保存してあった。当時三十七歳の人の字とは思えないほどの達筆で、古文書のようである。内容は吉岡師の人柄を知ることのできる誠実な近況のことであった。

遷化される二、三カ月前、吉岡師と永平寺でともに修行した知野弘文《ちのこうぶん》師のことが書かれた柳田由起子著『宿無し弘文　スティーブ・ジョブスの禅僧』（集英社インターナショナル）をいただいた。新聞か雑誌に紹介してくれとのことであったが、残念ながら吉岡師生前中に書評の執筆はできなかった。機会があればと思っているが、約束が果たせるのはいつになるかわからない。それよりも師の追悼文を書くのが先になってしまった。誠に申し訳なく思う。長い間のご交誼に心から感謝申し上げ、良き先輩の一人として私の心にずっと残る吉岡師であろう。

あとがき

今年（令和四年）のカレンダーをみたところ、昭和二十三年生まれは七十五歳となっていた。忌日年回忌作成のためのカレンダーであるところから数え歳で記されている。新聞には「いよいよ昭和二十二年生まれの団塊の世代が満七十五歳を迎え後期高齢者になる」ことが書かれている。同級生のことであるが、私は早生まれのため満七十四歳、数え七十五歳の後期高齢者予備軍である。しかし、後期高齢者となってもやることに変わりはない。体がいうことをきいてくれるかは心配であるが、今のところ大丈夫である。相変わらず与えられた道をたんたんと進んでいくだけである。

六十五歳を迎えた時、高齢者の通知が区役所より届いた。さすがにその時は、少し愕然としたことを覚えている。当時は大学教員と住職の二足の草鞋をはいており、まだ現職であったところから高齢者の意識はなかった。しかし、世間は高齢者扱いである。

そこで、新年を迎えた後、区役所に後期高齢者となる通知が新たに来るのかを尋ねた。すると保険料や年金額が高齢者より後期高齢者とかわり、掛け金などの割合が変わるだけで通知はしないとの返事であった。また、何歳までを後期高齢者というのかを質問すると、その答えは、以後何歳になっても同じであるとのことであった。つまり亡くなるまで後期高齢者なのである。冗談でいえば、後期の後だから末期かとも思ったが、さすがにその呼称はない。

近年は先輩のみならず、同級生や後輩の死を聞くことが多くなった。新聞をみても同世代の訃報には心が痛む。最低でも親の亡くなった年齢までは生きたいものである。となると、私は長寿であった両親の享年までにあと約十五年程ある。これを長いと考えるか、短いと思うか、そろそろ真剣に終活をせねばならないといろいろ考えさせられる。

大学の勤務には定年があったが、住職には定年がない。松原泰道師がよくいわれた「生涯現役、臨終定年」が住職の定年か。百一歳の生涯を終えた松原師の言葉には説得力と大きなパワーを感じる。「定年の臨終」まで、自分自身の丹誠に努める。今できることを今行い、できないならばできるように努める。人生に悔いを残さず全うできれば何も悲しいことはない。自分自身にとって最高の人生であったといえる。

そこで、私は後期高齢者となる前の思いをまとめようと考えた。六十歳の還暦を迎えた時に出版した『志は老いず』（大法輪閣）の続編にあたるものである。本当は七十歳の古稀を迎える時の気持ちを刊行したく予定していたが、大学定年退職の年で雑用などでまとめる時間がなかった。

そのため七十五歳の後期高齢者を迎える時に出版できればと考え、六十一歳以後（平成十九年四月以後）に執筆した雑誌の随筆や研究紀要に掲載された講演録、それに拙寺の春季彼岸および盆の施食法要で行った法話の栞などからとりあげてまとめた。タイトルは、前著で吐露した私の志はいまだに老いていないところから「志　いまだ老いず」とした。

「講演」は、1が平成三十年一月三十日に一般公開して行われた愛知学院大学の最終講義である。2は平成二十八年十月二十四日に行われた第四十八回名古屋市仏教徒大会での講演、3は令和二年十二月十二日に開かれた令和二年度昭和区歴史と文化の交流会の講演で、各講演要旨に加筆、訂正してまとめたものである。

「4　節目の年に」は、記念すべき節目の年齢を迎えた時の気持ちや両親の逝去など、節目を迎えた頃に書いたものである。

「5　おりおりの法話」は、新聞や雑誌に執筆したものと拙寺の施食会で行った法話などからまとめたものである。

「6　やさしく説く曹洞宗」は、『大法輪』の特集号や新聞に執筆したもの、それに図録の解説などをまとめたものである。

「7　法縁にめぐまれて」は、特に親しかった恩師や先輩らが亡くなられた時、雑誌に思い出を記したものをまとめたものである。

本書は私の著した二冊目の啓蒙書である。最初は還暦を迎えた時、今度は後期高齢者となる時である。私は今日まで大病をせずに何とか生きてきた。本当に幸運であり、幸福者である。これからはどうなるかわからないが、生きている限りは精進を続け、さらに節目の年を迎えることができたならば、第三冊目の啓蒙書の刊行をと願っている。

たまたま今日、運転免許の更新に関わる通知書が届いた。令和五年二月に更新するためには「高齢者講習」を受けるとともに、「認知機能検査」の受検が必要との案内である。記憶力・判断力の検査によって認知機能を調べ、結果によっては免許の取消の対象になるのである。まさに人生の最終期に来たことを感じた。

本書が成るには法藏館編集部の丸山貴久氏に大変お世話になった。心からお礼を申し上げたい。また、家内や子供たちの協力もあって成ったものである。自分一人ではなく、周囲に支えられていたことに改めて感謝し、後期高齢者一年生として新しい気持ちで前進し生きていきたい。

令和四年十月十五日

川口高風

川口高風（かわぐち　こうふう）

1948年、愛知県名古屋市に生まれる。1975年、駒澤大学大学院博士課程修了。博士（仏教学、駒澤大学）。2018年3月まで愛知学院大学講師・助教授・教授を歴任し定年退職。現在、愛知学院大学名誉教授、白鳥山法持寺住職。主な著書に『法服格正の研究』『白鳥鼎三和尚研究』（ともに第一書房）、『修訂　曹洞宗の袈裟の知識』（曹洞宗宗務庁）、『志は老いず』（大法輪閣）、『諦忍律師研究』『明治前期曹洞宗の研究』（ともに法藏館）、『熱田白鳥山法持寺史』『熱田白鳥山法持寺史第二』（ともに法持寺）、『名古屋の仏教』資料編（あるむ）など多数。

志 いまだ老いず

二〇二三年一月一五日　初版第一刷発行

著　者　川口高風

発行者　西村明高

発行所　株式会社　法藏館
京都市下京区正面通烏丸東入
郵便番号　六〇〇-八一五三
電話　〇七五-三四三-〇〇三〇（編集）
〇七五-三四三-五六五六（営業）

装幀　野田和浩

印刷・製本　中村印刷株式会社

ISBN 978-4-8318-5725-5 C0015